"一带一路"沿线国家教育政策法规研究丛书

克罗地亚、斯洛文尼亚、波黑、黑山、北马其顿
教育政策法规

主编 / 张德祥 李枭鹰

编译 / 李洋帆　贾枭　齐小鹃　刘玉君　魏宁

大连理工大学出版社
Dalian University of Technology Press

图书在版编目(CIP)数据

克罗地亚、斯洛文尼亚、波黑、黑山、北马其顿教育政策法规 / 李洋帆等编译. — 大连：大连理工大学出版社，2020.11
("一带一路"沿线国家教育政策法规研究丛书 / 张德祥，李枭鹰主编)
ISBN 978-7-5685-2709-5

Ⅰ.①克… Ⅱ.①李… Ⅲ.①教育政策－克罗地亚②教育政策－斯洛文尼亚③教育政策－波黑④教育政策－黑山⑤教育政策－北马其顿 Ⅳ.①D935.021.6

中国版本图书馆 CIP 数据核字(2020)第 182481 号

KELUODIYA SILUOWENNIYA BOHEI HEISHAN BEIMAQIDUN
JIAOYU ZHENGCE FAGUI

大连理工大学出版社出版

地址：大连市软件园路 80 号　　邮政编码：116023
发行：0411-84708842　　邮购：0411-84708943　　传真：0411-84701466
E-mail：dutp@dutp.cn　　URL：http://dutp.dlut.edu.cn
上海利丰雅高印刷有限公司印刷　　大连理工大学出版社发行

幅面尺寸：185mm×260mm　　印张：12.75　　字数：266 千字
2020 年 11 月第 1 版　　2020 年 11 月第 1 次印刷

责任编辑：董歟菲　　　　　　　　　　责任校对：于　泓
封面设计：奇景创意

ISBN 978-7-5685-2709-5　　　　　　　　　　定　价：91.00 元

本书如有印装质量问题，请与我社发行部联系更换。

总 序

共建"一带一路"是中国提出的伟大倡议，也是中国与"一带一路"沿线国家的共同愿望。"一带一路"倡议出自中国，却不只属于中国，而属于"一带一路"沿线所有国家，乃至全世界。中国是"一带一路"的倡导者和推动者，沿线所有国家是"一带一路"的共商者、共建者和共享者。

为推进共建"一带一路"伟大倡议，让古丝绸之路焕发新的生机与活力，以新的形式使亚欧非各国联系更加紧密，互利合作迈向新的历史高度，中国政府于2015年3月28日发布了《推动共建丝绸之路经济带和21世纪海上丝绸之路的愿景与行动》，强调"一带一路"是促进共同发展、实现共同繁荣的合作共赢之路，是增进理解信任、加强全方位交流的和平友谊之路。中国政府倡议，秉持和平合作、开放包容、相互借鉴、互利共赢的理念，全方位推进务实合作，打造政治互信、经济融合、文化包容的利益共同体、命运共同体和责任共同体。

为贯彻落实《推动共建丝绸之路经济带和21世纪海上丝绸之路的愿景与行动》，2016年7月13日中华人民共和国教育部牵头制定了《推进共建"一带一路"教育行动》。该文件指出，推进共建"丝绸之路经济带"和"21世纪海上丝绸之路"，为推动区域教育大开放、大交流、大融合提供了大契机。"一带一路"沿线国家教育加强合作、共同行动，既是共建"一带一路"的重要组成部分，又为共建"一带一路"提供人才支撑。中国愿与沿线国家一道，扩大人文交流，加强人才培养，共同开创教育的美好明天。

自共建"一带一路"倡议提出至2019年8月底，已有136个国家和30个国际组织与中国签署了195份共建"一带一路"合作文件。"一带一路"是一个多极的和多文化的世界，无论是政治、经济、文化、教育、生态还是种族、民族、宗教、习俗等，不同国家或地区之间存在这样或那样的差异。因此，只有全面了解民间需求与广泛民意、消除误解误判，只有国家的学者、企业家、政府部门、民间组织和民众充分理解各国的国际关系、宗教信仰、历史文化、风俗习惯、法律法规和民心社情，才能更好地推动"一带一路"建设。也就是说，"一带一路"沿线国家建立政治互信、经济融合、文化包容的利益共同体、命运共同体和责任共同体，必须根基于沿线国家间的"文化理解或认同"，而这又与教育尤其是高等教育的交流合作密切相关。

教育政策法规是了解一个国家教育发展状况和治理水平的重要窗口，是各国之间教育合作交流的基本依据。为此，教育部牵头制定的《推进共建"一带一路"教育行动》呼吁沿线国家"加强教育政策沟通"，即通过开展"一带一路"教育法律、政策协同研究，构建沿线各国教育政策信息交流通报机制，为沿线各国政府推进教育政策互通提供依据与建议，为沿线各国学校和社会力量开展教育合作交流提供政策咨询；积极签署双边、多边和次区域教育合作框架协议，制定沿线各国教育合作交流国际公约，逐步疏通教育合作交流政策性瓶颈，实现学分互认、学位互授联授，协力推进教育共同体建设。

大连理工大学切实贯彻《推进共建"一带一路"教育行动》的精神，精心谋划和大力支持"一带一路"教育研究。该校原党委书记张德祥教授带领课题组成员克服文本搜集、组建团队、筹措经费等多重困难，充分发挥学校高等教育研究院、"一带一路"高等教育研究中心、中俄暨独联体合作研究中心以及教育部国别和区域研究中心"独联体国家研究中心"的优势和特色，积极参与和服务于"一带一路"的推进和共建，编译"一带一路"沿线国家教育政策法规，并在国内率先开展"一带一路"沿线国家教育政策法规研究，具有很好的教育发展战略意识和强烈的服务国家发展战略的责任感和使命感。中国高等教育学会大力支持这项工作，将"'一带一路'国家高等教育政策法规研究"立项为2016年高等教育科学研究"十三五"规划重大攻关课题，并建议课题组首先聚焦于编译"一带一路"沿线国家的教育法、高等教育法以及教育中长期发展规划等，及时为国家推进共建"一带一路"教育行动搭建教育政策沟通桥梁。该课题组根据中国高等教育学会专家组的意见，组织力量，编译了这套《"一带一路"沿线国家教育政策法规研究丛书》。作为中国高等教育学界的一名老兵，看到自己的学生们带领国内一批青年学者甘于奉献、不辞辛劳、不畏艰难，率先耕耘在"一带一路"沿线国家教育研究这片土地上，我由衷地感到欣慰。同时，大连理工大学出版社全力支持这套丛书的出版，不遗余力地为丛书的出版工作提供支持，使这套丛书能及时出版发行。最后，我真诚地希望参与这项工作的师生们努力工作，高质量、高水平地把编译成果呈现给"一带一路"的教育工作者。

是为序。

潘懋元于厦门大学高等教育研究中心
2019年9月10日

前　言

2015年3月28日《推动共建丝绸之路经济带和21世纪海上丝绸之路的愿景与行动》和2016年7月13日《推进共建"一带一路"教育行动》的相继颁布,将"政策沟通"置于"五通"之首,让我们意识到编译《"一带一路"沿线国家教育政策法规研究丛书》的重要性和紧迫性。对我们来说,承担这一艰巨任务是一种考验,更是一种使命。

2016年中国高等教育学会组织申报高等教育科学研究"十三五"规划课题,将"'一带一路'背景下我国高等教育国际化研究"列入重大攻关课题指南。我们在这个框架之下组织申报的"'一带一路'国家高等教育政策法规研究",获得了中国高等教育学会专家组的认可和支持,这对我们是极大的鞭策和鼓励。2016年11月,我们认真筹备和精心谋划,参加了中国高等教育学会组织的开题论证工作,汇报了课题的研究设想。听取了专家组的宝贵意见后,我们及时调整了课题研究重心。我们考虑首先要聚焦于编译"一带一路"沿线国家教育政策法规,因为,我们对许多国家的高等教育政策法规还不了解,国内也缺乏这方面的资料。编译这些资料既可以为我们日后的研究打下基础,也可以为其他研究者和部门进行相关研究、制定政策提供基础性的资料和参考。于是,我们调整了工作思路,即先编译,然后再进行研究。同时,考虑到许多国家的高等教育政策法规常常包括在教育政策法规中,我们的编译从"高等教育政策法规"拓展到"教育政策法规",这种转变正好呼应了《推进共建"一带一路"教育行动》中的"政策沟通"。

主编《"一带一路"沿线国家教育政策法规研究丛书》,是一项相当繁重和极其艰辛的工作,其中的酸甜苦辣只有经历了才能体会到。第一,参与共建"一带一路"的国家相当多,截至2019年8月底,已有136个国家和30个国际组织与中国签署了共建"一带一路"合作文件。这套教育政策法规研究丛书虽然只涉及其中的69个国家,但即使是选择性地编译这些国家的教育法、高等教育法以及中长期教育发展规划等,也需要大量的人力、财力等的支持。第二,不少"一带一路"沿线国家的教育本身不够发达,与之密切关联的教育政策法规通常还在制定和健全之中,我们只能找到和编译那些现已出台的政策法规文本,抑或某些不属于政策法规却比较重要的文献。编译这类教育政策法规时,我们根据实际需要对某些文本进行了适当删减。由于编译这套丛书的工作量很大、历时较长,我们经常刚编译完某些国家旧有的教育政策法规,新的教育政策法规又出台了，我们不得不再次翻译最新的文本而舍弃旧有的文本。如此反反复复，做了不少"无用功"。即便如此，我们依然不敢担保所编译的教育政策法规是最新的。第三，"一带一路"沿线国家或地区的官方语言有 80 多种，涉及非通用语种 70 种（这套教育政策法规研究丛书涉及的 69 个国家，官方语言有 50 多种），我们竭尽全力邀请谙熟非通用语种的人士加盟，但依然还很不够。由于缺乏足够的谙熟非通用语种的人士加盟，很多教育政策法规被迫采用英文文本。在编译过程中，我们发现那些非英语国家的英文文本的表达方式与标准英文经常存在很大的出入，而且经常夹杂着这样或那样的"官方语言"或"民族语言"。这对编译工作是一个极大的挑战和考验，我们做到了尽最大努力去克服和处理。譬如，新西兰是一个特别注重原住民及其文化的国家，其教育政策法规设有专门的毛利语教育板块，因而文本中存有大量的毛利语。为了翻译这些毛利语，编译者查阅了大量有关毛利文化的书籍和文献，有时译准一个毛利语词语要花上数十天甚至更长的时间。类似的情况经常碰到，编译者们付出了难以计量的劳动，真诚地希望这套丛书的出版能给他们带来足够的精神上的慰藉。

为了顺利推进研究工作，我们围绕研究目标和研究重点，竭尽全力组建结构合理的研究团队，制订详尽的研究计划，规划时间表和线路图，及时启动研究工作，进入研究状态。大连理工大学积极参与"一带一路"建设，高度重视"一带一路"沿线国家教育研究工作，成立了"'一带一路'高等教育研究中心"、"中俄暨独联体合作研究中心"和教育部国别和区域研究中心"独联体国家研究中心"。大连理工大学、大连外国语大学、大连民族大学、杭州师范大学、广西民族大学、广西财经学院、广西职业技术学院、广西桂林市委党校、南开大学、海南大学、重庆大学、赤峰学院、天津市教育科学研究院等单位的有关专家、学者、教师、学生积极参与此项工作，没有他们的艰辛付出和辛勤劳动，编译工作将举步维艰。这项工作得到了大连理工大学出版社的大力支持，出版社的同志们不畏艰辛、不厌其烦、不计回报，为这套丛书的出版付出了难以想象的汗水和精力。对此，课题组由衷地表示感谢。

张德祥　李枭鹰
2019 年 9 月 8 日

目 录

克罗地亚 / 1
克罗地亚高等教育法 / 3

斯洛文尼亚 / 43
斯洛文尼亚初等教育法 / 45
斯洛文尼亚高等教育法 / 62

波 黑 / 87
波黑学前教育法律框架 / 89
波黑高等教育法 / 99

黑 山 / 115
黑山初等教育法 / 117
黑山高等教育法 / 131

北马其顿 / 153
马其顿教育发展战略(2005—2015 年) / 155

附 录 / 177
附录一 推动共建丝绸之路经济带和 21 世纪海上丝绸之路的愿景与行动 / 179
附录二 教育部关于印发《推进共建"一带一路"教育行动》的通知 / 187

后 记 / 193

克罗地亚

克罗地亚,全称克罗地亚共和国,位于欧洲中南部,巴尔干半岛西北部。西北和北部分别同斯洛文尼亚和匈牙利接壤,东部和东南部同塞尔维亚、波黑、黑山为邻,西部和南部濒亚得里亚海,岛屿众多,海岸线曲折,长 1 880 千米。国土面积 56 600 平方千米,人口 408 万(2019 年),主要民族为克罗地亚族(90.4%),其他为塞尔维亚族、波什尼亚克族、意大利族、匈牙利族、阿尔巴尼亚族、斯洛文尼亚族等,共 22 个少数民族。官方语言为克罗地亚语。

1990 年 12 月 22 日,克罗地亚共和国颁布新宪法。宪法规定,总统任期 5 年,任期不得超过两届。议会是国家最高权力和立法机构,一院制。议员通过直选产生,任期 4 年。政府为国家权力执行机构,司法机构设宪法法院和最高法院。全国设 20 个省和 1 个省级直辖市,下辖 128 个市和 428 个区。

克罗地亚的经济基础良好,旅游、建筑、造船和制药等产业发展水平较高。主要工业部门有食品加工、木材加工、造船、建筑、电力、石化、冶金、机械制造和纺织等。食品加工业较发达,是加工业中就业人数最多的行业。

克罗地亚文化教育程度较高,具备较为完整的教育体系,包括学前教育、初等教育、中等教育、职业教育、高等教育、成人教育和特殊教育等。全国普及实施八年制小学义务教育。主要有萨格勒布大学、里耶卡大学、奥西耶克大学、斯普利特大学、扎达尔大学、杜布罗夫尼克大学和普拉大学等高等学府。

注:以上资料数据参考依据为中国外交部官方网站克罗地亚国家概况(2020 年 10 月更新)。

克罗地亚高等教育法

一、总则

第一条

1. 本法明确了高等教育机构的建立、评估和资金管理等问题,同时明确了在高等教育机构中学生和教学人员的地位。

2. 本法明确了科学研究机构、图书馆和其他法律实体的地位,上述法律实体应在高等教育系统内部建立,旨在有效发挥高等教育系统功能。

3. 本法未明确规定的问题,应当按机构法相关规定进行适当调整。

第二条

本法涉及的相关概念:

1. 高等教育机构指组织和实施课程教学、科学研究、高度专业化和艺术化工作的机构。

2. 大学指组织和开展课程教学、科学研究以及高度专业化、艺术化和具有高质量技术性创新活动的高等教育机构。

3. 理工院校指组织和开展职业课程教学、专业性和艺术性研究工作的高等教育机构。

4. 学部指在某一个或多个教育和研究领域组织和开展大学课程教学、科学研究及专业化工作的大学内设高等教育机构。

5. 人文学院指在一个或多个科学、教学和艺术领域,组织和开展大学课程教学、科学研究以及艺术工作的大学内设高等教育机构。

6. 高等教育学院指在理工院校内或独立运作的高等教育机构。该机构在某一个或多个教育领域组织和开展专业课程教学和专业化工作。

7. 部门(系)指在某一科学领域内,参与实施大学课程教学、科学研究,以及专业化工作的组织单元。一般情况下,同一个部门(系)的教师和辅助教学人员都具有同一科学领域的学位。

8. 理工院校内设部门指在某一领域内参与实施大学教学、组织和开展高等职业教育工作的理工院校的组织单位。

9. 科学研究及专业化工作中心指组织开展科学研究、高度专业化工作,并统筹高等教育机构共同实施相关工作的高等教育机构或高等教育组织单位。

10.课程教学指由高等教育机构组织和实施的课程计划,完成课程计划后,学生可获得高等教育学历及相应的专业称号或学位。

11.大学课程指学生为参与科学研究或艺术创作以及获得从事职业所需要的能力而参加的高等教育机构组织和实施的教学课程。

12.专业性课程指所有专业课程都是在理工院校、内设的独立学院或独立的高等教育学院中开设的,专业课程可以使毕业生获得从事相关职业的能力,并提高专业知识和技能水平。

13.学生指以全日制或非全日制方式入学的大学生或研究生。

14.教师指在高等教育机构中积极从事教学、科学研究、专业或艺术工作的人。

第三条

1.依据克罗地亚宪法,高等教育机构应明确学术自治和学生自由原则。

2.高等教育机构自治权应表现在以下方面:

(1)科学、艺术、技术的研究和创新;

(2)教育、科学、艺术和职业项目的创建;

(3)教学人员和领导的任命;

(4)学生入学标准的相关决策;

(5)教学规则的制定;

(6)内部机构的决议。

第四条

1.高等教育机构的校园不可侵犯。

2.高等教育主管机构只有在高等教育机构领导同意下,才能够在高等教育机构的校园内履行官方职责。

3.除非经高等教育机构负责人的同意,否则在校园内只能拘捕罪犯或触犯有关刑事诉讼条款的人。

4.只有在满足刑事诉讼条件并经法院授权后,相关人员才能对高等教育机构校园实施搜查。

5.在调查期间,调查取证的法官和高等教育机构的领导或由领导授权的人员均应在场。

6.如果高等教育机构不能对传讯做出合理辩驳,则可以在没有高等教育机构领导在场的情况下对高等教育机构校园实施搜查。

第五条

1.高等教育机构基本的规章制度应当写进章程。

2.章程应以本法为基础,依法详尽注明高等教育组织的结构框架、高等教育机构的权利范围、高等教育机构内部各部门的决策过程,以及其他有关高等教育机构的活动和工作。

3.大学(不包含理工院校,下同)或理工院校的章程应在创立者同意下,由理事会依据现行法律规定审议通过。

4.大学各二级学院(院系、艺术学院、教学单位)章程应由学院院长、艺术学院院长、高等教育学院院长在大学理事会与大学或理工院校的管理委员会达成协议后共同制定。

5.如果大学或理工院校的理事会在3个月期限内没有批准章程,则关于章程的审议未通过。

6.理工院校或高等教育学院的章程应当由院长和教务委员会审议并与理事会达成一致。

第六条

1.高等教育机构教学应使用克罗地亚语。

2.在章程规定下,高等教育机构可以使用外语开展课程或完成部分课程。

二、高等教育机构

(一)高等教育机构的类型

第七条

1.高等教育机构包括大学、理工院校、二级学院(院系、艺术学院、教学单位)和高等教育学院。

2.院系、艺术学院和教学单位是大学的内部机构。

3.高等教育学院(专业性或艺术性)是理工院校内部或外部的相关机构。

4.高等教育机构必须是法律实体。

(二)高等教育的基础和组织

第八条

国内或国外法律实体可以建立大学、理工院校和高等教育学院。

第九条

1.克罗地亚应设立大学、理工院校和高等教育学院,以推动高等教育提供公共服务。

2.依据本法,公立大学中的理工院校和二级学院应该提供公共服务。

第十条

1.公立大学应由议会批准成立。

2.公立理工院校和高等教育学院需要通过政府颁布相应法令成立。

3.本条第2款可对公立大学中运行的高等教育学院进行特别规定,但应经公立大学理事会和国家高等教育理事会批准。

4.私立大学、私立理工院校或私立高等教育学院的建立应该由投资人决定。

第十一条

1. 本法所述的高等教育国家委员会应对建立公立高等教育机构的必要性提出相关意见。

2. 私立大学、私立理工院校或私立高等教育学院的建立,应经过科技和教育部、高等教育国家委员会一致同意。

3. 除非科技和教育部在提交申请之日起的六个月内驳回申请,否则根据本条第2款认为科技和教育部认可高等教育机构的成立。

4. 依据本条第1、2款所述,除非高等教育国家委员会在三个月内拒绝科技和教育部所提要求,否则认为其同意设立高等教育机构。

第十二条

大学主要设立学院、艺术学院和系级单位,理工院校设立理工系级单位。

(三)高等教育机构的组织

第十三条

1. 大学的组织单位应包括学院、艺术学院、系级单位。
2. 公立高等学院可以在公立大学内独立运行。

第十四条

1. 理工院校的组织单位必须是理工学院。
2. 依据章程的相关要求,未开设理工学院的理工院校应在其内部设立基本组织单位。

第十五条

高等教育学院必须依据章程和相关要求决定是否下设组织机构。

(四)其他法律实体的成立

第十六条

大学或理工院校可以建立内部科研机构。

第十七条

1. 大学、理工院校和大学内设的高等教育机构可依法建立计算机信息中心、影院、图书馆和其他法律实体以确保高等教育系统的完整性并达到相应标准。

2. 在大学中下设高等教育机构需征得大学管理委员会的同意,并建立科学研究中心,开展高度专业化的工作。

(五)宗教高等教育机构的地位

第十八条

1. 宗教团体建立的高等教育机构,如满足本法条件,则享有与高等教育学院和院系相同的权利。

2.依据本条第1款,宗教团体建立的高等教育机构的地位应由创办者决定。

(六)高等教育机构的运行

第十九条

1.在下列情况下,高等教育机构可正常运行:

(1)拥有一定数量的由教师和教辅人员开展的课程;

(2)拥有充足的场地和设备;

(3)拥有充足的财政资金;

(4)具备开展和完成课程教学的能力;

(5)能够满足法律规定的各项条件与规定。

2.本条第1款规定的条件应由科技和教育部确定。

3.依据本条第1款规定,高等教育国家委员会必须向政府部门提供关于课程教学标准的意见。

4.高等教育国家委员会在收到申请后的两个月内需向科技和教育部提交审批意见。

5.如果高等教育国家委员会在两个月内没有驳回意见,则视为同意。

第二十条

1.在各高等教育机构满足本法第十九条第1款的相关条件,并且高等教育国家委员会认为开展课程教学的基本标准达标的前提下,由科技和教育部颁发大学运行的许可证后可以进行注册。

2.高等教育机构注册的内容和方式应当由科技和教育部确定。

3.高等教育机构完成法定注册后即可开展相应活动。

(七)私立高等教育机构及其公共权力

第二十一条

具备办学许可证的私立高等教育机构应在其许可证中注明"具有公众承认的权力"这一内容。

(八)高等教育机构的名称

第二十二条

只有依据本法设立的高等教育机构才能开放注册。

(九)大学临床医疗机构的名称

第二十三条

1.大学临床医疗机构依据单独法律规定有权使用"临床诊所""临床医疗中心""临床医护中心"等名称。在完成相应程序和满足大学章程相关条件下,可以命名为"大学临床医疗诊所""大学临床医疗中心""大学临床医护中心"。

2.临床医疗机构依据本条第1款的规定注册。

三、课程教学

(一)课程教学的类型

第二十四条

1.高等教育主要通过大学专业课程的教学来实现。

2.大学教学使学生具有从事高级专业、艺术工作和开展科学研究的能力。

3.专业教学使学生具有从事专业或艺术工作的能力。

第二十五条

1.大学教学包括：

(1)本科教学；

(2)研究生学术教学；

(3)研究生专业教学；

(4)研究生艺术教学。

2.依据大学章程中与课程有关的规定,研究生学术教学的课程可根据学分系统分为选修课程和必修课程,以及硕士学位课程和博士学位课程。

第二十六条

专业教学包括：

(1)本科教学；

(2)研究生专业教学；

(3)研究生艺术教学。

(二)组织实施课程教学的机构

第二十七条

1.依据本法,课程教学由大学、学院和艺术学院组织实施。

2.如果大学包括多个院系,也可依据大学章程授权各院系自主开展课程教学。

第二十八条

1.依据本法,应在理工学院或高等教育学院内组织课程教学。

2.在科技和教育部部长批准或国家有特殊需求情况下,可暂时忽略本法第十一条和第十九条的相关规定,组织和开展一些特殊专业的课程教学。

3.本条第2款关于组织和开展专业教学的条件应由科技和教育部决定。

第二十九条

在符合大学章程的条件下,大学可将部分开设课程教学的权利交给临床诊所、大学内部或外部的临床医疗中心和科研机构。

第三十条

除非法律另有规定,高等教育机构可以依法开展军事和警察相关专业的教学。

第三十一条

除开展课程教学之外,高等教育机构还可以依据章程组织、开展继续教育项目。

(三)入学条件

第三十二条

1. 依据本法,在高中至少学习 4 年并获得毕业资格的学生可以进入大学学习。
2. 组织本科大学教学的高等教育机构应明确高中毕业学生的录取条件。
3. 依据本法,在高中至少学习 3 年并获得毕业资格的学生可以参加专业学习。
4. 组织本科专业教学的高等教育机构应明确高中毕业学生的录取条件。
5. 艺术类本科可招收还未获得高中毕业资格的学生,但学生需在大学第二学年结束前顺利获得高中毕业资格。

第三十三条

1. 本科毕业生可考取研究生。
2. 具有学术型研究生招生资格的高等教育机构需依法明确学术型研究生的入学条件。

第三十四条

1. 依据本法第二十五条,完成 4 年本科大学学习的毕业生可申请专业型研究生资格。
2. 依据本法第二十五条,完成本科大学学习的毕业生可申请艺术类研究生资格。
3. 依据本法第二十六条,完成本科至少 4 年专业学习的毕业生可申请专业型研究生资格。
4. 具有研究生招生资格的高等教育机构需依法明确专业型和艺术类研究生的入学条件。

(四)课程教学时间

第三十五条

1. 课程教学时间应该依据课程的复杂程度以及所需掌握时间来决定。
2. 大学本科的学制至少为 4 年。
3. 专业型本科的学制至少为 2 年。
4. 学术型研究生的学制至少为 2 年,学术型博士的学制至少为 3 年,博士学习阶段至少保证有 1 年时间学习相关课程。
5. 专业型研究生学制至少为 1 年。
6. 艺术类研究生学制至少为 2 年,理工院校或高等教育学院的艺术类研究生学制至少为 1 年。

(五)课程教学的组织与实施

第三十六条

1. 依据课程大纲,本科和研究生课程教学的组织和实施包括全日制和非全日制两类。

2. 课程改革及调整应遵循以下原则:

(1)满足学生能力和兴趣以及未来雇主的需求;

(2)达到发达国家高等教育机构类似项目的水平。

第三十七条

1. 课程应包括:

(1)对学生成绩或学业水平的描述;

(2)专业职称或学术学位的培养;

(3)课程教学的时限;

(4)注册课程教学的条件;

(5)必修内容、选修科目及完成课程所需的时间;

(6)学生可以选择的其他大学或专业清单;

(7)注册教学课程或科目的教学顺序;

(8)下一学年学生的入学条件。

2. 除本条第1款所述基本内容外,学术型研究生教学应注明所有科目的学分。

3. 依据本法,学生有权根据课程清单自主选择课程。

4. 学生自主选择的课程需经导师同意,并获得高等教育机构理事会的批准。

5. 根据本条第2款规定,大学理事会应决定每个科目的学分值,以及论文注册所需的学分。

6. 依据大学章程,课程应明确其学制,即全日制或全日制与非全日制相结合。

7. 教学大纲应该确定:

(1)授课教师及教辅人员;

(2)考试方法;

(3)课表;

(4)考试日期。

第三十八条

1. 国家应规定全日制和非全日制学生必修课和和选修课的数量。

2. 全日制本科教学一学年应该包括30周课程。

3. 参与大学本科教学和本科职业教学的全日制学生,每周应参加20~30小时的必修课程学习。在特殊情况下,学生参加学习的时间可以增加,但具体时长由科技和教育部部长审核决定。

4.本科非全日制学生的全部必修课程时长不能超出 1.5 学年。

5.本科非全日制学生的全部必修课程不能少于本条第 3 款所规定时长的一半。

6.依据本条第 3 款和第 5 款,应在规定课程之外组织学生参加体育活动、健康文化课程以及课外活动。

7.高等教育机构章程应规定研究生的全部义务。

第三十九条

1.课程设置应由大学或理工院校理事会审核通过。高等教育学院的课程设置应由学术委员会审核通过。

2.高等教育学院在设置新课程或对课程进行大幅调整且这些调整可能会影响公立高校财政支持时应征得科技和教育部的同意。

3.公立高等教育机构中的大学或理工院校理事会在修改课程所需的财政经费需征得政府部门的同意。

4.各二级学院(院系、艺术学院、教学单位)的理事会应向大学或理工院校总部提交课程清单。

5.高等教育机构需制定教学大纲并组织开展相关课程。

第四十条

1.每一学年从 10 月 1 日开始,至次年 9 月 30 日结束。

2.课程应依据高等教育机构章程在学年期间开设。

第四十一条

1.教学期间可以对学生掌握知识的情况进行测试和评分,课程最终成绩应以考试成绩为准。

2.考试结果必须公开。

3.任何法定利益相关者都有权申请成绩复核。

第四十二条

1.同一科目学生最多有四次参加考试的机会。

2.未能通过第四次考试的学生应在下一学年重修该科目。

3.如果学生在重修该科目后仍未能按本条第 1 款的规定通过考试,则无法再次申请重修。

第四十三条

1.考试时间应分为常规考试时间和非常规考试时间。

2.常规考试时间为:冬季、夏季和秋季。常规考试周期至少为 4 周。非常规考试时间由高等教育机构的教学大纲制定。

3.高等教育机构的章程或课程教学规程应就参加考试的时间、考试方法、分数复核和重修流程做出详细规定。

第四十四条

1. 学生考试成绩评分如下：优秀(5)，很好(4)，好(3)，合格(2)，不合格(1)。
2. 学生评分不合格视为挂科。
3. 保存考试试卷的内容、形式、方法由科技和教育部部长规定。

第四十五条

1. 高等教育机构章程可为每名学生分配一位能够指导、监督课程学习的导师。
2. 每位指导教师有义务指导一名研究生。
3. 对于导师和指导教师的要求应当在高等教育机构的章程中做出详细规定。

(六)课程教学的完成

第四十六条

依据大学章程，本科毕业需提交毕业论文并通过学业期末考试。

第四十七条

研究生毕业应完成论文答辩。

第四十八条

专业型和艺术类研究生毕业应获得一定专业或艺术成果并通过论文答辩和学业期末考试。

第四十九条

1. 依据大学章程，获得本科毕业证书的专业型研究生在完成两年课程后可以参加学术论文答辩以代替专业论文答辩。
2. 本条第1款需在导师认可后，由高等教育机构理事会批准，允许研究生组织开展研究生学术研究。

第五十条

1. 应为研究生教学设立开题、研究评估及答辩委员会。
2. 如果研究生在开题后十年内没有参加答辩，则需重新确定毕业论文题目。
3. 学生的导师不能被任命为论文答辩委员会主席。
4. 答辩委员会的每位成员均需对毕业论文进行评估。
5. 高等教育机构章程应对答辩委员会成员的任命流程、工作内容，以及研究生毕业标准进行详细规定。

第五十一条

1. 学者已经获得理学硕士学位或至少在公认的国际期刊上发表一篇学术论文，并在高等教育机构或在科学研究机构至少工作1年，才有资格负责博士论文成果的审核和答辩。
2. 本条第1款中所述的期刊应经过国际认可并符合科学研究的相关规定。

3.依据大学章程,高等教育机构理事会有权对本条第1款的全过程进行管理和认证。

4.如有证据表明学生博士论文存在剽窃、抄袭行为,应撤销其博士学位。

5.大学在撤销博士学位过程中应依据理事会的相关要求,与大学章程中授予科学博士学位的过程相对应。

6.撤销博士学位的相关规定需在大学章程中注明。

7.本条也适用于撤销硕士学位。

(七)文凭

第五十二条

1.在完成大学或专业学习后,学生应获得相应文凭。

2.高等教育机构应颁发文凭的相关补充材料。

第五十三条

高等教育机构应向学生颁发结业证书。

第五十四条

1.高等教育机构需颁发官方认可的文凭和证书。

2.文凭的内容和形式由科技和教育部部长规定。

3.文凭的相关补充材料内容由校长协会规定。

4.证书内容由高等教育机构规定。

(八)职称和学位

第五十五条

1.完成大学学术学习的人员应依法获得相应学位或专业职称。

2.完成大学专业学习的人员应依法获得相应专业职称。

3.完成专业型研究生学习的人员应依法获得相应专业职称。

4.完成艺术类研究生学习的人员应依法获得艺术类硕士学位(缩写为 MA.),在理工院校或高等教育学校完成艺术类研究生教学的人员应依法获得相应专业职称。

5.完成硕士学位研究生课程、获得硕士学位并依据本法第四十九条完成硕士学位论文答辩的人员,应获得科学硕士学位(缩写为 M. Sc)。

6.完成学术型博士研究生教学、获得博士学位并依据本法第五十一条完成博士学位论文答辩的人员,应获得科学博士学位(缩写为 Dr.)。

7.学术学位缩写应该放在名字和姓氏之前,专业职称缩写应当放在名字和姓氏之后。

四、学生

第五十六条

1.学生身份得以在全日制/非全日制课程教学过程中体现并由学生学籍等其他文件证明。

2.本条第1款中的相关文件,其内容和形式由科技和教育部部长规定。

第五十七条

1.全日制课程教学的费用由科技和教育部或全日制学生承担。

2.非全日制课程教学的费用由雇主或非全日制学生承担。

第五十八条

1.居住在克罗地亚境外的克罗地亚公民以及居住在克罗地亚境内的外国公民或无国籍人士可在同等条件下注册入学。

2.没有居住在克罗地亚的外国公民和无国籍人士,依据科技和教育部的国际协议,同样有权利注册入学。

第五十九条

1.高等教育机构应在招生政策基础上,根据学生的能力进行招生录取。

2.高等教育机构可自主确定招生规模,但应由科技和教育部批准。

3.招生政策由大学、理工院校或高等教育学校决定。

4.招生政策需明确注明全日制公费生、全日制自费生以及非全日制自费生的招生规模。

5.全日制公费生的招生规模由科技和教育部部长审核决定。

第六十条

1.高等教育机构应根据招生政策实施招生。

2.招生申请书需刊登在每日报刊上。

3.招生申请书需注明学生报考的所需信息,主要包括:总招生规模、公费生规模、自费生规模、非全日制学生规模、入学条件、评估标准、入学申请时间以及申请所需上交的材料。

第六十一条

1.招生流程遵循公平竞争的原则。

2.依据考生在招生考试中的分数招生。

3.高等教育机构也可以依据机构章程自主招生。

第六十二条

1.全日制公费学生只能在同一所高等教育机构内更改一次专业。对于能力突出的学生,科技和教育部可批准其主修双学位。

2.高等教育机构中的全日制学生可依据大学相关规章制度参与同一大学内其他学部学院的课程和考试。

3.公费生在其教学期间内有权一直享受政府资助,但资助时间不超过本法第三十五条中规定时间的三分之一。

4.本条第3款法律涉及的公费生可依据高等教育机构的章程通过自费的方式继续完成学业。

5.教学时长由高等教育机构章程制定。

第六十三条

1.学生在学期间应遵守高等教育机构章程及其他规章制度,履行学生义务并通过所有规定的考试以获得升学机会。

2.公费生在同一学年内只能重新注册一次。

3.高等教育机构可以允许学生依据高等教育机构章程及其他规章制度自主选择高年级课程。

4.高等教育机构需在章程或相关规章制度中规定留级学生的权利。

5.艺术类本科生在没有通过主科目考试的情况下,不能重修第一年课程。

第六十四条

1.高等教育机构章程应为休学的全日制学生,如服兵役、怀孕的学生延长其享有的权利和履行的义务的期限。

2.高等教育机构可依据章程及科技和教育部全国委员会的建议将符合非全日制条件的一级运动员或艺术家作为全日制学生录取。

第六十五条

在一所高等教育机构失去学习权利的学生可以在该机构章程允许的条件和时间范围内在另一所高等教育机构完成学业。

第六十六条

1.学生应根据本法和高等教育机构章程规定,通过选派代表参与高等教育机构的管理和决策。

2.学生代表应代表并表达所有学生关于学生权利和责任的观点。

3.学生代表的选举方法及其职责范围由高等教育机构章程和相关法律规定。

第六十七条

1.大学、理工院校和大学内设的各高等教育机构应共同关注学生的生活水平,并对学生进行就业指导。

2.本条第1款关于全日制学生的就业指导流程由科技和教育部部长决定。

第六十八条

学生有权参加高等教育机构组织的各类文化、体育和其他活动,但需依据相关法律组建社团。

第六十九条

全日制学生除上述规定的权利外还享受医疗保险。

第七十条

1.学校在学生出现以下情况时将取消其学生身份:

(1)未能完成课程学习任务；
(2)退学；
(3)未能在下一学年进行注册；
(4)未能依据高等教育章程参与相关课程学习；
(5)在高等教育机构章程规定的期限内未能完成学业；
(6)未能通过考试(具体情况可参照本法第四十二条第3款的相关规定)。

2.在规定允许范围内,未能及时注册的学生可通过自费方式保留其学籍。

第七十一条

1.高等教育机构需保存学生档案。

2.科技和教育部部长决定学生档案需保留的主要内容。

五、教学人员、教辅人员和科学家

第七十二条

1.高等教育机构中的教育、科学、艺术和专业工作由教学人员、教辅人员和科学家共同承担。

2.教学人员、教辅人员和科学家应分别依据对应的科研/教学、教学/辅助教学的能力和成绩来聘任。

第七十三条

1.教学人员可分为科研/教学和教学两个等级。

2.科研/教学等级可分为助理教授、副教授和教授三种职称。

3.高等教育机构中的教学等级可分为讲师、高级讲师、教授三种职称。

4.高等教育机构中的外语教学人员可分为初级外语指导和高级外语指导两类职称。

5.高等教育机构中的音乐教学人员可分为初级音乐教师和高级音乐教师两类职称。

6.大学、学院和艺术学院中的教职人员应按照科研/教学等级和教学等级中的讲师、高级讲师进行聘任。

7.理工院校、理工技术学院和高等教育学校的教师应依据本条第3～5款的职称等级进行聘任。

(一)科研/教学等级相关职称

第七十四条

1.助理教授职称评定标准由校长协会制定,达到科研助理教授等级或满足助理教授职称评定标准者在通过高等教育机构委员会对其教学能力评级后可以被聘任为助理教授。

2.副教授职称评定标准由校长协会制定,达到科研等级或高级科研等级,并在上一聘期内发表新的论文,拥有三年及以上教龄的人员可以被聘任为副教授。

3.全职教授职称评定标准由校长协会制定,达到科研顾问等级并在上一聘期内发表新的论文,开展了科学类、专业类、高科技类或艺术类课题并在某一学科或职业领域内拥有一定影响力者可以被聘任为全职教授。

第七十五条

科研/教学岗位的助理教授、副教授和全职教授应组织完成高等学校章程和课程大纲规定分配的科学领域或学科科目的教学,为学生提供建议,指导研究生和博士生参加科学研究、艺术或专业性活动,对学生进行测验,并完成其他章程和教学大纲规定的活动。

第七十六条

1.科研/教学岗位教职工的聘期为五年。

2.科研/教学岗位的教职工如果获得职称晋升,可在获得书面同意后提前结束目前职称的聘期。

3.教职工在上一聘期内发表的新论文可再次聘任同一职称。

4.教职工在聘期结束后仍可保留其职称,但聘期结束后若不满足同一职称等级或更高职称等级的聘任条件,则取消其现有职称等级。

5.担任行政职务的教职工仍保留其教学权,职称聘期可根据行政职务聘期适当延长,但不得超过4年。

6.全职教师一旦被聘任为教授则被视为终身教授。

第七十七条

1.对于只能由艺术家授课的科目,当艺术家依据本法达到了相应职称能力,但不满足职称评审条件时,可以破格被聘任。

2.聘任的相关决定应由高等教育机构理事会与大学理事会达成一致。

3.依据本条第1款,高等教育机构章程应详细规定教师聘任的具体条件。

第七十八条

1.如果应聘者是国际知名的科学家或专家,在不符合本法第七十四条规定的条件时仍可破例被聘任为助理教授、副教授或全职教授。

2.执行本条第1款需得到大学理事会的批准。

第七十九条

1.退休教授可以被聘任为荣誉科研/教学教授。

2.大学可依据大学章程的相关条件和程序授予退休的全职教授荣誉职称。

3.名誉教授的权利由大学章程制定。

(二)教学等级相关职称

第八十条

1.讲师需具有相应的大学文凭,符合校长协会规定的聘任条件,拥有至少3年的专业教学经验,教学能力得到高等教育机构委员会认可。

2.高级讲师需具有相应大学文凭,符合校长协会规定的聘任条件,发表过专业论文,拥有至少5年的专业教学经验,教学能力得到高等教育机构委员会认可。

3.教授需具有相应的博士学位或大学文凭,完成论文答辩,参与重大课题,在专业领域已发表多篇有重要影响的论文,在高级讲师聘期内发表多篇论文,拥有至少6年的专业教学经验,教学能力得到高等教育机构委员会认可。

4.高等教育学校聘任教授的条件和规程由校长协会制定。

第八十一条

1.(外语)语言教师需具有相应大学文凭,已发表多篇专业性论文,拥有一定专业教学经验。

2.高级(外语)语言教师需具有相应的大学文凭,已发表多篇专业性论文,拥有至少5年的专业教学经验。

3.教练需具有相应的大学文凭,拥有参加过艺术活动的凭证和至少5年的专业教学经验。

4.高级教练需具有相应的大学文凭,拥有参加过艺术活动的凭证和至少10年的专业教学经验。

第八十二条

高等教育学校的教职工职称分为高级讲师、教授、(外语)语言教师、高级(外语)语言教师、教练和高级教练。聘期为5年,可续聘。

第八十三条

1.讲师的聘期为5年。

2.教职工若在聘期内发表多篇论文,则可在同一职称等级内续聘。

第八十四条

教职工超过55岁后将保留其当前职称等级。

第八十五条

1.高等教育学院的讲师、高级讲师和教授应组织和开展各类教学活动,包括科研或专业领域内其他科目的教学活动。

2.(外语)语言教师和高级(外语)语言教师应组织并开展各类语言训练、考试及学业咨询,使学生参与到专业性工作和科学研究及其他高等教育机构章程规定的学术活动中。

3.教练和高级教练应组织并开展各项训练、考试及咨询,使学生参与到专业性工作及其他高等教育机构章程规定的活动中。

4.讲师和高级讲师需按照课程体系和教学大纲开展各项教学活动。

5.大学理事会有权破格授予公众认可的专家或艺术家以相应的职称。

第八十六条

1.高等教育机构理事会可以委托教师、科学家、校外专家或艺术家以及其他高等教育机构的教师代理部分或全部课程。

2.校外助教可以协助本校教职工开展实践课程。

3.高等教育机构可以部分或全权委托国际知名科学家或国外顶级专家代理一门课程。

4.本条第1~3款所涉及的非科研/教学或助理教学职称等级者,可依据本法的相关规定或大学章程,在不签订聘任合同的情况下被授予名义上的科研/教学、教学或助理教学等级的职称。

(三)教学助理等级相关职称

第八十七条

1.大学、学院和艺术学院中的教学助理等级的相关职称包括专家助理、初级助理、中级助理和高级助理。

2.理工院校、理工学院和高等教育学院教学助理等级的相关职称包括专家助理和助理。

第八十八条

1.专家助理需具有本科生文凭。

2.专家助理的具体聘任规定由高等教育机构章程制定。

第八十九条

1.初级助理需具有相应本科生文凭并已进入研究生学院或艺术大学学习。

2.教学助理需完成科学博士的研究生课程学习,通过博士论文开题或获取科学硕士学位。

3.艺术学院的初级助理、中级助理和高级助理者需具有艺术硕士学位或至少拥有3年的研究生艺术教学经验,或满足本法对助理教学职称等级的能力和成就要求。

4.高级助理需具有科学博士学位。

5.初级助理和中级助理在同一高等教育机构的聘期为4年且不可续聘,高级助理的聘期为3年。

6.高等学校助理需完成研究生教学环节,聘期为5年。

7.初级助理、中级助理和高级助理在同一职称级别上不允许续聘。

8.女性初级助理、中级助理和高级助理在本条第5、6款规定的聘期内不享受产假。

第九十条

初级助理、中级助理和高级助理的教学工作量由高等教育机构章程规定。

(四)科研人员

第九十一条

1. 大学、学部、艺术学院和科学研究机构的科研人员聘期为5年。
2. 科研人员的职称等级包括科研助理、高级科研助理和科研顾问。
3. 科研人员的聘任需依据相关法律和程序。
4. 科研人员需在聘期内发表新的研究论文才可以续聘。
5. 科研顾问在续聘一次后将保留其职称等级。

(五)聘任程序

第九十二条

1. 科研/教学、教学和助理教学等级职称聘任遵循公平竞争的原则。
2. 公开竞争聘任的相关信息需刊登在报刊上。

第九十三条

1. 高等教育机构理事会负责职称等级的制定。
2. 大学理事会负责各职称等级教师的聘任。
3. 理工院校的理事会和校长协会负责理工院校各职称等级教师的聘任。

第九十四条

1. 高等教育机构理事会授权的聘任执行委员会需提交关于科研/教学职称等级,初级助理、中级助理、高级助理职称候选人的聘任意见。
2. 高等教育机构理事会指定的聘任执行委员会至少应由3名成员构成,且各成员的职称等级不能低于候选人竞聘的职称等级。

第九十五条

1. 如果聘任执行委员会没有被授权给出候选人的聘任意见,则需征求经授权的聘任执行委员会的意见。
2. 经授权的聘任执行委员会需在3个月内提交聘任意见。
3. 在大学理事会的建议下,校长协会应确定高等教育机构在科研和专业领域所拥有的任命权,以及在任命过程中的提议权。
4. 科技和教育部部长应授权给相应的高等教育机构决定是否聘任,并在选聘过程中给予科研和专业领域的意见。

第九十六条

高等教育机构理事会应依据章程做出关于候选人职称的聘任意见。

第九十七条

高等教育机构理事会负责在满足条件的候选人之间做出选择并公布聘任结果。

第九十八条

1.公开竞聘的结果需在应聘截止后的6个月内公布。

2.公开竞聘中的各流程截止日期由高等教育机构章程制定。

第九十九条

1.校长协会负责确定科研/教学职称等级中的教学活动或特殊研究领域中教育专业活动的分级标准。

2.专业(研究领域)委员会需向高等教育机构理事会提供关于遴选过程中候选人能够胜任相应科研/教学职称等级的意见。

3.专业(研究领域)委员会需在3个月内提交本条第2款的相关意见。如果没有在期限内提交意见,则视为认可候选人的各项条件。7月15日至8月31日之间不计算在3个月内。

4.专业(研究领域)委员会一半的成员由校长协会任命,另一半及该委员会主席由科技和教育部部长任命。

5.政府部门需协助专业(研究领域)委员会的管理工作。

6.校长协会负责制定专业(研究领域)委员会的运行模式、该委员会成员数量及其任期。

7.高等教育机构不能任命不符合本条第1款相关规定或低于科研/教学职称等级最低标准的候选人。

8.高等教育机构可以适当调节遴选标准,但新标准不得低于本条第1、2款涉及的相关标准。

9.高等教育机构不得照搬其他高等教育机构所制定的关于聘任科研/教学、教学、助理教学职称的相关规定。

(六)签署、终止劳动合同

第一百条

除特殊情况,高等教育机构或大学下属的科学研究机构需与教职工、教学助理、科研人员签订终身合同。

第一百零一条

1.拥有科研/教学或教学职称的教师退休年龄为65岁,退休时聘任合同解除。

2.依据本法,如果没有应聘者满足高等教育机构所规定的应聘条件,高等教育机构可与65岁以上,拥有科研/教学或教学职称的教师或高级语言教师、高级教练签署返聘合同。

3.高等教育机构每年需公开本条第2款所涉及的返聘信息、过程及结果。

4. 退休教师在签订为期 1 年的返聘合同时无须遵循相关聘任流程。

5. 高等教育机构不得返聘 70 岁以上的退休教师。

第一百零二条

1. 高等教育机构聘任的全职教职工、教学助理、科研人员经批准后可在其他高等教育机构兼职，但兼职时间不得超过本职工作时间的三分之一。

2. 高等教育机构章程需明确全职教职工、助理教师、科研人员在外兼职的活动规范，以防兼职工作与本职工作相冲突。

3. 教职工、助理教师、科研人员享受休假的权利受大学章程保护。

第一百零三条

1. 高等教育机构和大学下属的科研机构需在发生以下情况时终止与教职工的聘任合同：

(1) 拥有科研助理、高级科研助理或科研顾问职称的科研人员未能完成续聘或晋升；

(2) 拥有助理教授、副教授或教授职称的教师未能完成续聘或晋升；

(3) 拥有讲师职称的教师未能完成续聘或晋升；

(4) 拥有高等教育机构教授或高级讲师职称的教师未能完成续聘或晋升；

(5) 拥有初级助理、中级助理或高级助理职称的助理教师未能完成续聘或晋升；

(6) 公开应聘失败。

2. 科研人员、教职工或教学助理人员因公开竞争后岗位让位于其他人，在合同终止后依然享有法律规定的各项权利。

六、高等教育机构的管理

(一) 大学管理

第一百零四条

大学的管理主体包括大学管理委员会、校长和大学理事会。

第一百零五条

1. 大学由大学管理委员会管理。

2. 大学管理委员会依法开展各项活动，制定基本制度和大学章程，其职责主要包括：

(1) 制定大学发展战略和财政政策；

(2) 依据大学章程审议各项规章制度；

(3) 向大学理事会推荐校长候选人；

(4) 根据大学理事会的提案审议大学章程；

(5) 审议大学内各学部章程，认证大学下属的艺术学院及其他法律实体。

(6) 应大学理事会要求任命或罢免学部部长职务；

(7)发布关于设立和取消学部、艺术学院等其他法律实体的决定；

(8)制定大学年度预算；

(9)依据大学章程投资、购买设备；

(10)审议校长超预算的经费使用；

(11)在科技和教育部批准后制定大学招聘相关制度；

(12)审议二级学院、艺术学院等其他作为大学下属法律实体的相关招聘制度；

(13)结合二级学院、艺术学院及其他下属法律实体的预算，依据本法第一百四十一条向高等教育基金委员会提交大学的整体预算。大学管理委员会可在高等教育基金委员会批准后协调核定大学预算；

(14)依据本法和大学章程开展其他活动。

3.在审议大学发展战略及重要规定和决定时优先征求大学理事会的意见。在审议大学经费使用时优先征得科技和教育部的批准。

第一百零六条

1.大学管理委员会包括6~12名成员。

2.大学管理委员会的成员人数由大学章程制定且需为偶数。

3.大学管理委员会成员由创办者任命。

4.创办者需从大学理事会建议的候选人列表中任命一半的治理委员会成员。大学理事会建议的候选人包括科研/教学职称等级的高校教职工或大学下属高等教育机构的教职工。治理委员会的另一半成员从科技和教育部部长建议的人员中任命。

5.大学管理委员会主席从管理委员会成员中选举。

6.大学管理委员会成员的任期为4年。

7.如果票数均等，则主席所投票为决定性票。

8.校长应参与大学管理委员会的工作，但无权做出决策。

第一百零七条

1.校长是大学的负责人。

2.校长应主持大学理事会的工作。

3.除本条第1~2款，校长职能还包括：

(1)组织大学日常运行和活动；

(2)依据章程审议大学的一般规章制度；

(3)大学管理委员会和大学理事会可提议改进大学工作的活动；

(4)执行大学管理委员会和大学理事会的决策；

(5)参与校长协会相关活动并做出决策；

(6)依法、依章开展大学其他活动。

4.校长应负责其在大学管理委员会和大学理事会的工作。

5.校长必须每年向大学管理委员会和大学理事会提交一份工作报告。

第一百零八条

1. 校长候选人应是大学的全职教授。

2. 校长一届任期为4年。一人可最多连续当选2届。

3. 校长办公室的候选人应由高等教育机构委员会和大学各学部理事会提名。

4. 大学管理委员会应依据大学章程中规定的程序收集校长提名。

5. 大学管理委员会在候选人提名中按照无记名投票的方式遴选校长。投票环节遵循少数服从多数的原则,且投票数需过半。

6. 如果没有候选人在第一轮投票中得票数过半,则选出得票数最高的两人进行第二轮投票。

7. 如果两位候选人在第二轮投票中的得票数都没过半,则需进行新一轮提名和投票。

8. 校长提名和任命的相关规章制度应写进大学章程。章程应明确规定校长遴选的期限,收集提名的时间不得少于2个月。

第一百零九条

1. 校长在任期内触犯以下条款时需提前解除其职务:

(1)未能执行校长职责;

(2)触犯法律、大学章程或大学的规章制度;

(3)滥用校长职权;

(4)行为不当使得名声败坏;

(5)缺乏履行其职责的能力。

2. 解除校长职务的相关程序应由大学理事会启动。

3. 大学理事会应通过无记名投票的方式决议是否解除校长职务。

4. 大学章程应明确规定解除校长职务的相关程序。

第一百一十条

1. 副校长应协助校长工作。

2. 大学章程应明确规定副校长的人数、权利、任职和免职的相关程序。

第一百一十一条

1. 大学理事会是大学的专家机构。

2. 大学理事会依据大学章程由大学内设高等教育机构的院长、各学部部长、学生代表和其他相关人员构成。

3. 校长和副校长应是大学理事会成员。

第一百一十二条

大学理事会的主要职责包括:

(1)对大学教学、科学、艺术和专业活动的问题进行决议;

(2)任命校长；

(3)任命由校长推荐的副校长；

(4)审议大学教学课程；

(5)宏观协调各学部、学院或艺术学院的课程安排；

(6)依据大学章程审议规章制度；

(7)授予各学院、学部和艺术学院独立或联合进行课题研究，授予教师职称等级的权力；

(8)依据大学章程授予各二级学院录取和审核博士学位答辩过程的权力；

(9)在高等教育国家委员会事先批准的条件下，授予高等教育机构组织和开展研究生学术研究的权力；

(10)正式聘任科研/教学等级的全职教授；

(11)授予名誉教授荣誉头衔和科学博士学位；

(12)向大学管理委员会提议关于在学校内建立二级学院、学部、艺术学院和其他法律实体的意见；

(13)决定各二级学院院长的职责；

(14)依法依章开展其他活动。

第一百一十三条

1.大学理事会可以授权其他大学专家机构，依据大学章程在其职责范围内开展特殊活动。

2.拥有多个二级学院的大学可在各二级学院建立学院理事会，并授权学院理事会依据大学章程开展各类活动。

(二)学部和艺术学院的管理

第一百一十四条

学部的管理主体包括部长和学部理事会。

第一百一十五条

1.部长作为领导管理学部。

2.部长主持学部理事会工作。

3.除本条第1~2款，部长的职能还包括：

(1)审议由学部理事会提出的规章制度；

(2)组织大学日常运行和活动；

(3)依据学部理事会的建议，制定相关组织工作的规章制度；

(4)依法、依章开展大学其他活动。

4.部长办公室候选人需是大学的副教授或全职教授。

5.根据学部章程中所规定的程序,部长应由学部理事会任命。

6.在获得校长同意后,部长候选人由大学管理委员会任命。

7.如果大学管理委员会在两个月内没有驳回候选人的任命意见,则视为同意。

8.如果大学管理委员会驳回部长候选人的任命意见,则需要附加解释说明。

9.部长的一届任期为2年。一人最多可连续当选2届。

10.如果有证据表明部长在任期内触犯了相关法律或规定,大学管理委员会可遴选一名符合标准的候选人代理部长工作,直到本届部长任期结束。

11.依据大学章程,部长应对学部理事会、大学理事会和大学管理委员会的工作负责。

12.依据大学章程,选举的相关程序和期限、院长职责的运行和条件应当在学部章程中注明。

第一百一十六条

1.部长的工作应由秘书和副部长协助完成。

2.学部章程应明确秘书、副部长的人数、权利、任职和免职等相关规定。

第一百一十七条

1.学部理事会由学部专家构成。

2.依据学部章程,学部理事会应由全职教授、副教授和助理教授以及学生代表、教职工代表、助教代表构成。

第一百一十八条

学部理事会的职能包括:

(1)遴选部长;

(2)向部长提出学部章程预案;

(3)制定组织工作的相关规定;

(4)向大学理事会申报教育、科学、艺术和专业计划项目;

(5)细化学部教学大纲,完善大学教学大纲;

(6)任命本科生导师和研究生导师;

(7)组建委员会审议颁发研究生和博士生学位;

(8)开展选举和职称评级工作;

(9)开展同等学位的认证工作;

(10)审查部长的年度报告;

(11)依法依章开展其他活动。

第一百一十九条

本法关于学部管理的相关规定同样适用于艺术学院(学部)。

(三)理工学院的管理

第一百二十条

1. 理工学院的负责人是校长。校长从理工院校的全职教授、副教授及高等教育学校的全职教授中任命。

2. 依据大学章程,理工学院由大学管理委员会管理,管理委员会的成员由投资人任命,任期为四年。

3. 理工学院的理事会负责管理理工学院的专业性事务。

4. 除另有法律或理工院校章程规定,本法关于大学管理的相关规定同样适用于理工院校的管理。

第一百二十一条

1. 理工学院由院长负责领导、管理和运行。院长可以从理工学院的教职工,或是高等教育学校的全职教授中任命。

2. 理工学院的理事会应负责管理理工学院的专业性事务。

3. 除另有法律或理工学院章程规定,本法关于院系管理的相关规定同样适用于理工学院的管理。

(四)高等教育学院的管理

第一百二十二条

1. 非理工学院的高等教育学院应由投资者任命的管理委员会依据相关法规、章程进行管理。

2. 高等教育学院由院长负责领导、管理和运行。院长可以从高等教育学院中有科研/教学等级职称的教职工,或是有教学等级职称的教授中任命。

3. 学术理事会由高等教育学院的专家构成,管理高等学院的专业性事务。高等学校开设非高等教育机构的通用课程需在国家高等教育委员会同意的前提下,由科技和教育部批准。

4. 除另有法律或高等教育学院章程规定,本法关于院系管理的相关规定同样适用于高等教育学院的管理。

第一百二十三条

除行政部门和相关负责人的遴选方式、任期不同外,本法中第一百零五至一百二十一条关于高等教育机构管理的相关规定同样适用于私立高等教育机构。

第一百二十四条

科技和教育部部长可以任命一名私立高等教育机构管理委员会的成员。

(五)其他法律实体的管理

第一百二十五条

1. 为保证高等教育机构活动的整体性并达到相应水准,高等教育机构需要由5名成员构成的管理委员会进行管理,管理委员会成员的任期为2年。

2. 科技和教育技部应从候选人名单中任命两名高等教育机构管理委员会的成员,一名候选人名单由本条第1款涉及的高等教育机构负责人提供,另一名候选人名单由校长提出,或是依据特殊法律由学生提出。

3. 管理委员会主席须从委员会成员中任命。

4. 依法依章管理科研机构、其他机构及适用于本法的其他法律实体。

七、校长协会

第一百二十六条

1. 校长协会有权对涉及高等教育机构共同利益、发展战略的问题进行决议。

2. 校长协会由大学和理工院校的校长构成。

3. 校长协会应建立专家委员会在其职责范围内开展各类活动。

第一百二十七条

1. 校长协会的职能包括:

(1)建立科研/教学等级和教学等级职称认证的教学、专业活动评估体系;

(2)建立完善的博士成果认证和答辩程序;

(3)为高等教育机构在职称任命和在相关科研领域内发表意见创造条件。

2. 校长协会的决议事项应达成基本共识,若未达成共识,应通过相关决议程序决定。

3. 本条第1、2款所涉及的决议结果应发表在官方公报上。

八、高等教育国家委员会

第一百二十八条

高等教育国家委员会(以下简称"全国委员会")的建立应立足于高等教育体系的发展。

第一百二十九条

1. 全国委员会由1名主席和18名成员构成。

2. 全国委员会的主席和成员应由议会任命。

3. 全国委员会的会议由科技和教育部部长和由其任命的成员参加。

第一百三十条

1. 全国委员会成员的候选人应由校长协会、理事会、理工院校和高等教育学院的专家机构提名。

2.提名人有义务为所支持的候选人递交关于候选人的履历、论文成果表。

3.政府应从以下方面综合考量候选人：

(1)候选人的科研/教学或艺术等级(能力)、名誉和国际经验；

(2)科研领域或学科内的影响力；

(3)高等教育机构的区域影响力。

4.如果候选人没有达到本条第3款的标准,政府可以要求考察本条第1款中提名之外的候选人,但必须给出理由。

第一百三十一条

1.全国委员会主席和成员的任期为5年。

2.全国委员会主席和成员由于以下原因可提前结束任期：

(1)辞职；

(2)未能依据本法第一百三十三条第3款的相关议事规定履行其职责；

(3)未能正确履行主席或成员职责；

(4)行为不当使名声败坏；

(5)缺乏履行其职责的能力。

3.关于在任期内减少或终止全国委员会主席、成员任职的决定需要由全国委员会做出并上报议会。

4.全国委员会主席及其成员应由议会解职。

第一百三十二条

1.全国委员会应向高等教育机构、政府部门和其他国家机构提供意见和帮助,以确保高等教育体系高质量地运行。

2.全国委员会的主要职能包括：

(1)为整个高等教育提供政策基础；

(2)从国际比较视角对高等教育机构课程质量和社会效益进行评价；

(3)为大学理事会开展研究生学术研究提供意见；

(4)参与高等教育机构质量认证过程；

(5)推进高等教育领域的相关法案的通过和修订。

3.全国委员会授予科技和教育部以下职能：

(1)提出或终止现有的计划项目、课程研究、高等教育机构的意见和倡议；

(2)提出新课程相关建议；

(3)提出组建新高等教育机构的建议；

(4)为实现高质量组织和开发课程的基本标准提出意见。

第一百三十三条

1.全国委员会应参与会议期间的工作并就相关工作做出决议。

2. 全国委员会可组建专家委员会在其职能范围内开展活动。

3. 全国委员会和专家委员会的职能应写进程序法。

4. 科技和教育部应为全国委员会和专家委员会提供行政保障。

第一百三十四条

1. 科技和教育部有必要每5年对教学、科研、专业活动的质量和效率进行一次评估。

2. 评估过程应由科技和教育部下属的评估专家委员会执行。该委员会的成员应在全国委员会的推荐下由科技和教育部任命。

3. 全国委员会应参与到评估过程中并制定质量评估标准。

4. 专家委员会应依据高等教育机构的自评、社会专家评估和国际著名专家评估结果进行综合评估。

5. 每项评估需设置期限。

6. 在期限范围内,科技和教育部可对教学、科研、专业活动的质量和效率进行定期评估。

7. 科技和教育部应向全国委员会提交评估报告并发表评估意见。

第一百三十五条

1. 全国委员会应依据评估结果向科技和教育部提出关于是否授予高等教育相关机构认证证书的意见。

2. 机构认证是对高等教育机构工作表示信任,承认学校课程满足相应标准。

3. 认证证书是评估高等教育机构工作并发表相关意见的文件。

4. 如果国家委员会在接受评估结果后的3个月内没有发表意见,科技和教育部可自行决议。

第一百三十六条

1. 高等教育机构在接受评估认证证书后应按照认证书的期限要求继续开展活动。

2. 在本条第1款规定的期限结束后,应公布高等教育机构的认证结果。

3. 如果高等教育机构在认证过程中被取消全部或部分课程的办学资格,高等教育机构只能继续为已录取的学生开设相应课程。

4. 如果高等教育机构在认证过程中被取消了全部课程的办学资格,科技和教育部将启动高等教育机构的废除程序。

5. 高等教育机构可对认证结果提出申诉。

第一百三十七条

1. 高等教育机构、科技和教育部应公布评估结果。

2. 全国委员会应每年向议会报告一次工作进展和高等教育发展的总体概况。

九、高等教育机构财务管理

第一百三十八条

高等教育机构主要从以下渠道获取资金：

(1)国家分配给高等教育和科学研究的预算；

(2)基金会和捐赠；

(3)学费和奖学金；

(4)符合高等教育机构运作的其他资源。

第一百三十九条

1.克罗地亚可以从国家财政预算中为公立高等教育机构划拨所需资金。

2.本条第1款中涉及的资金主要用于：

(1)高等教育机构员工的工资、报酬和材料成本；

(2)维持高等教育机构科学研究、艺术和专业活动的需要；

(3)确保高等教育系统开展完整的和符合标准的服务活动；

(4)保障员工和学生的工作及生活标准；

(5)学生奖学金、贷款和学费补贴；

(6)发展和投资。

第一百四十条

1.公立高等教育机构的所需经费应由工作计划和相关岗位组织确定。

2.相关岗位组织工作应以下列内容为基础：

(1)教育、科学研究、艺术或专业领域的工作范围；

(2)员工的标准工作量；

(3)高等教育的相关标准。

3.科技和教育部部长应对高等教育机构中开展的公共服务的工作报酬进行审核。

4.如果高等教育机构能够通过其他渠道获得员工的工资和报酬,可额外招聘非编制员工。

第一百四十一条

科技和教育部应建立高等教育基金委员会并将其视为咨询机构。

第一百四十二条

1.高等教育基金委员会应由11名成员构成。

2.高等教育基金委员会主席和成员应在高等教育机构推荐下,由科技和教育部部长任命,综合考虑地区代表和科研/教学领域代表。

3.高等教育基金委员会主席和成员的任期为5年。

4.高等教育基金委员会的各成员应为各个相关专业工会的代表。

第一百四十三条

1. 依据本法第一百四十四条,高等教育公立大学、公立理工院校和公立学校应向高等教育基金委员会递交一份完整的收入和支出预算。

2. 公立大学和公立理工院校内的二级学院,艺术学院和理工学院应当向高等教育基金委员会提交收入与支出预算,将其作为大学或理工院校整体预算的一部分。

3. 依据高等教育基金委员会的建议,科技和教育部需评估和协调高等教育机构的预算,并依据本条第1、2款为公立高等教育机构的运作设置全面的资金预算。

第一百四十四条

依据高等教育基金委员会的建议,科技和教育部应确定教学任务的标准工作量及其他关于高等教育财政机构的标准(教学员工、辅助教学员工、学生的数量等)。

第一百四十五条

1. 依据高等教育基金委员会的建议,科技和教育部应确定公立高等教育机构课程教学的费用以及科技和教育部资助学生的名额。

2. 根据相关规定,在生活或其他方面资金有困难的学生有权向科技和教育部申请,科技和教育部通过发放奖学金、助学贷款、免除全部或部分学费等方式给予资助。

十、监督

第一百四十六条

1. 科技和教育部应依据相关法律监督高等教育机构开展的各项活动。

2. 高等教育机构应依据相关法律正当使用经费。

十一、过渡和总结规则

第一百四十七条

1.《克罗地亚高等教育法》自生效之日起开始适用于萨格勒布大学、斯普利特大学、里耶卡大学和奥西耶克大学。同日,克罗地亚高等教育机构法生效,各公立高等教育机构需继续依法办学。

2. 依据本条第1款的规定,公共基金是法律实体资产,《克罗地亚高等教育法》生效后其资产属性不变。

第一百四十八条

1.《克罗地亚高等教育法》自生效之日起,各二级学院(院系、艺术学院、教学单位)在行政协议和劳动合同的基础上将继续作为克罗地亚公立高等教育机构运行。

2. 本法适用的高等教育机构包括:

(1)萨格勒布大学:

①萨格勒布农业学院

②萨格勒布戏剧艺术学院

③萨格勒布美术学院

④萨格勒布建筑学院

⑤萨格勒布经济学院

⑥萨格勒布电气工程学院

⑦萨格勒布化学工程与技术学院

⑧瓦拉日丁团体和计算机科学学院

⑨萨格勒布政治科学学院

⑩萨格勒布交通工程学院

⑪萨格勒布机械工程和海军建筑学院

⑫萨格勒布特殊教育学院

⑬萨格勒布体育学院

⑭萨格勒布制药和生物化学学院

⑮萨格勒布哲学-人文和社会科学学院

⑯萨格勒布哲学-教师科学学院

⑰萨格勒布测量学院

⑱瓦拉日丁土工技术学院

⑲萨格勒布土木工程学院

⑳萨格勒布制图学院

㉑萨格勒布医学院

㉒锡萨克冶金学院

㉓萨格勒布音乐学院

㉔萨格勒布农业研究所

㉕萨格勒布法律学院

㉖萨格勒布食品技术和生物技术学院

㉗萨格勒布自然科学和数学学院——数学系

㉘萨格勒布自然科学和数学学院——自然科学系

㉙萨格勒布采矿、地质和石油工程学院

㉚萨格勒布牙医学院

㉛萨格勒布林业学院

㉜萨格勒布纺织技术学院

㉝萨格勒布兽医学院

㉞萨格勒布电气工程学院

(2)斯普利特大学：

①斯普利特经济学院

②斯普利特电器工程、机械工程和造船工程学院

③斯普利特自然科学、数学和教育学院

④杜布罗夫尼克旅游和对外贸易学院

⑤扎达尔哲学学院

⑥斯普利特土木工程学院

⑦杜布罗夫尼克海事学院

⑧斯普利特法律学院

⑨斯普利特化学工程学院

(3)里耶卡大学：

①里耶卡经济学院

②普拉经济和旅游学院

③里耶卡海事学院

④里耶卡土木工程学院

⑤奥帕蒂亚酒店管理学院

⑥里耶卡医学院

⑦普拉教育学院

⑧里耶卡教育学院

⑨里耶卡法律学院

⑩里耶卡工学院

(4)奥西耶克大学：

①奥西耶克经济学院

②奥西耶克电子工程学院

③奥西耶克土木工程学院

④奥西耶克教育学院

⑤奥西耶克农业学院

⑥奥西耶克法律学院

⑦奥西耶克食品科技学院

⑧斯拉沃尼亚布罗德机械工程学院

第一百四十九条

1.自《克罗地亚高等教育法》生效之日起,克罗地亚便将高等教育机构的所有权和基础权利赋予各高等教育机构。

2.依据本法第一百四十七条,公共基金是法律实体资产,《克罗地亚高等教育法》生效后其资产属性不变。

3.高等教育机构未经科技和教育部同意不能转移或抵押房地产及其他超过 20 000 库纳的资产。

第一百五十条

1.天主教神学院作为萨格勒布大学的下属机构,其地位和活动由克罗地亚主教、克罗地亚议会、天主教神学院投资人和萨格勒布大学协商制定。

2.萨格勒布天主教神学院应依照本条第1款协议继续在萨格勒布大学管理下运行。

第一百五十一条

1.符合相关管理要求和规定的大学下属科研机构,在《克罗地亚高等教育法》生效后成为独立的法律实体。

2.本条第1款涉及的科研机构,其产权及其他基本权利由其他法律单独规定。

第一百五十二条

1.萨格勒布国立大学图书馆在《克罗地亚高等教育法》以及《克罗地亚高等教育机构法》生效之日起便获得自主产权,该图书馆将继续运行,成为克罗地亚所有的公共机构。

2.自《克罗地亚高等教育法》生效之日起,各高等教育机构开展的活动需满足高等教育体系的完整性和必要标准,《克罗地亚高等教育机构法》生效后克罗地亚便获得了相应高等教育机构的产权,使其可以依法继续开展工作。

3.自《克罗地亚高等教育法》生效之日起,克罗地亚便获得了公立高等教育机构的产权及其他基础权利。

4.本条第2、3款涉及的高等教育机构和其他法律实体包括:

①萨格勒布学生中心

②萨格勒布大学计算机中心

③瓦拉日丁学生中心

④斯普利特大学图书馆

⑤斯普利特学生中心

⑥扎达尔学生中心

⑦杜布罗夫尼克学生中心

⑧希贝尼克学生中心

⑨里耶卡研究图书馆

⑩普拉研究图书馆

⑪里耶卡学生中心

⑫奥西耶克城市和大学图书馆

⑬奥西耶克学生中心

5.自《克罗地亚高等教育法》生效之日起,克罗地亚将产权和投资权转让给部分高等教育机构及其他法律实体,这些机构包括:

(1)萨格勒布大学：

①萨格勒布学生中心

②萨格勒布大学计算机中心

③瓦拉日丁学生中心

(2)斯普利特大学：

①斯普利特大学图书馆

②斯普利特学生中心

③扎达尔学生中心

④杜布罗夫尼克学生中心

⑤希贝尼克学生中心

(3)里耶卡大学：

①里耶卡研究图书馆

②普拉研究图书馆

③里耶卡学生中心

(4)奥西耶克大学

①奥西耶克城市和大学图书馆

②奥西耶克学生中心

第一百五十三条

1.依据本法第一百五十一条,萨格勒布国立大学图书馆及其他高等教育机构和法律实体自《克罗地亚高等教育机构法》生效之日起便拥有独立产权。

2.本法第一百五十一条所涉及的高等教育机构未经科技和教育部同意不能转移或抵押房地产及其他超过 20 000 库纳的资产。

第一百五十四条

1.自《克罗地亚高等教育法》自生效之日起,大学的科研/教学委员会,例如由校长、副校长、学部部长和艺术学院院长所构成的大学理事会将继续运行。自《克罗地亚高等教育法》生效之日起,科研/教学委员会的成员任期将终止。

2.自《克罗地亚高等教育法》生效之日起的 1 个月时间内,大学理事会应确定大学管理委员会的成员规模。

3.自《克罗地亚高等教育法》生效之日起的 30 日内,大学理事会应依据本法第一百四十七条制定一份大学管理委员会的候选人名单。

4.如果大学理事会、科技和教育部没有制定出大学管理委员会的候选人名单,则候选人列表应由遴选委员会的资助者和克罗地亚的提名管理议院共同制定。

第一百五十五条

1.大学需在校长任命 2 个月内审议并通过大学章程。

2.大学下属的二级学院(学部)、艺术学院等其他法律实体应在大学章程公布的2个月内审议并通过其机构章程。

第一百五十六条

1.依据本法第一百四十八条第2款,高等教育机构中的科研/教学委员会需在大学章程出台的一个月内根据大学章程和本法第一百五十五条第2款的相关规定修订其规章制度。

2.本法第一百五十五条第2款涉及的各高等教育机构部长或院长应依据原遴选法规继续履行其义务,直至任期结束。

第一百五十七条

1.自《克罗地亚高等教育法》生效之日起,各科研组织负责人的权利将转移给各学部部长。

2.依据本条第1款,各高等教育机构在遴选岗位候选人时应努力实现职位、责任、能力的统一。

第一百五十八条

1.本法第一百五十二条第4款所涉及的高等教育机构和其他法律实体自《克罗地亚高等教育法》生效之日起,在遴选负责人和管理主体时需保证相应职责和能力的统一。

2.包含高等教育机构和其他法律实体的大学,其管理委员会成员应保证职责和能力的统一,否则需终止其任期并任命新的候选人。

第一百五十九条

1.议会应依据本法第一百二十八条在《克罗地亚高等教育法》生效后的3个月内成立国家委员会。

2.依据《克罗地亚高等教育法》,国家委员会有义务在1999年11月1日前完成对现有高等教育机构的评估,通过科技和教育部向政府递交提案,政府应当将高等教育机构改革计划的决议(草案)提交给议会。

3.依据本条第2款的规定,议会应确定大学系统内符合资助条件的公共高等教育机构名单,并提议废除不符合相关运行条例的高等教育机构。

第一百六十条

各大学管理委员会应依据本法第一百五十九条所涉及的高等教育改革措施,在改革方案公布的3个月内完成相关调整。

第一百六十一条

各大学、二级学院和艺术学院应依据本法第一百五十九条的相关规定在高等教育改革方案公布的3个月内组织岗位调整。

第一百六十二条

1.科技和教育部应在自《克罗地亚高等教育法》生效之日起的 3 个月内依据本法第一百四十一条相关规定成立高等教育基金委员会。

2.1994 年 2 月 28 日之前发布的关于高等教育机构运行标准和财政监督的法律法规应继续使用。

3.依据高等教育基金委员会的提议,科技和教育部应在 1994 年制定高等教育机构临时的经营财务监督标准和相关规定,并于 1995 年确立相关预算法律。

第一百六十三条

1.《克罗地亚在高等教育法》生效之前聘任的科研/教学职称等级教师应依据聘任时的流程在聘期内继续履行其职责。

2.在《克罗地亚高等教育法》生效之前聘任的教职工应依据聘任时的流程在聘内期继续履行其职责,但聘期结束后需按照现法律重新聘任。

3.依据《克罗地亚职业指导教育法》的相关规定,科研/教学职称等级的助理教授、副教授和全职教授若未能成功聘任同职称等级或更高职称等级,可在自《克罗地亚高等教育法》生效之日起的 5 年内保留其职称等级。

4.本条第 3 款中涉及的教职工可以在非公开竞争中签署一份保留其职称等级的聘任合同,但聘期不得超过 1998 年 11 月 3 日。

5.依据本法,续聘为全职教授的教职工将永久保留其职称等级。

第一百六十四条

1.依据《克罗地亚科研活动法》,科研/教学等级的科学家若在聘任同职称等级或更高职称等级的过程中失败,可在《克罗地亚高等教育法》自生效之日起的 5 年内保留其职称等级。

2.依据相关法规,科研/教学等级的科学家在本条第 1 款规定的聘期结束时应满足同一职称等级或更高职称等级的聘任条件。

3.在本条第 1 款所规定的聘期结束时,科学家应依据相关法律规定重新聘任。

4.依照相关法律规定续聘为专家顾问等级的科学家将永久保留其职称等级。

第一百六十五条

1.理工院校成立前,校长协会的成员应是公立大学的校长。

2.校长协会下属的专家委员会应在科研/教学等级和教学等级的教师聘任中给出关于候选人教学和专业活动的评估意见。如果校长协会下属的专家委员会对候选人的意见是否定的,则候选人不能聘任相应的科研/教学或教学职称等级。

3.如果校长协会的意见是否定的,候选人不能聘任相应的科研/教学或教学职称等级。

4.如果在《克罗地亚高等教育法》生效的 6 个月内,校长协会没有通过本法第九十九条第1款关于科研/教学和教学职称等级认证过程中教学和专业活动评估的相关条款，那么科技和教育部部长应在3个月内审议通过相关条款。

第一百六十六条

1. 如果聘任时的规章制度与目前一致，那么科研/教学职称等级的教职工即使在大学以外的高等教育机构工作，也可在聘期结束前依旧保留其职称等级。

2. 本条第1款涉及的教职工可重新聘任其科研/教学职称等级。

第一百六十七条

1. 助理职称等级的教职工可依据《克罗地亚职业指导教育法》第一百一十条第1、2款在《克罗地亚高等教育法》生效后的3年内保留其现有职称等级。

2. 依据相关法规，助理职称等级的教职工在聘期结束时应满足同一职称等级或更高职称等级的聘任条件。

3. 助理职称等级的教职工依据《克罗地亚职业指导教育法》第一百一十条第4款可在《克罗地亚高等教育法》生效后的3年内保留其现有职称等级。

4. 初级助理在聘期结束时应满足本条第3款规定的相关聘任条件。

第一百六十八条

1. 大学和大学的下属高等教育机构只能在1994—1995学年招收获得VI/1学术认证的一年级学生。

2. 大学和大学的下属高等教育机构需在1997—1998学年前获得科技和教育部的批准以招收1995—1996学年的一年级学生并开展专业课程教学。

3. 大学和大学的下属高等教育机构在依据本条第1款的基础上可开展5年制教学计划。

4. 大学和大学的下属高等教育机构可以与其他高等教育机构签订合同，将课程教学转移到理工院校或其他高等教育机构。

第一百六十九条

1. 在《克罗地亚高等教育法》生效之前，各学部可依照现有法律法规授权科学博士导师开设相关研究生课程。

2. 在《克罗地亚高等教育法》生效之前，应依照现有法律法规开展科学博士学位的课程和研究。

3. 校长协会应依据现有法规规定硕士和博士学位的毕业期限。

第一百七十条

1. 在《克罗地亚高等教育法》生效前入学且没有复读的学生有权根据其第一年课程进展情况决定是否终止课程。

2. 科技和教育部应对每一学年参加爱国战争的学生单独设置学习课程。

3. 本法关于考试次数的相关规定从1994—1995学年开始实行。

第一百七十一条

依据本法第二十五条、第二十六条的相关规定,特殊情况下高等教育机构可根据其条件和需求在1998—1999学年开学前录取具有相应中学学历的学生。

第一百七十二条

在专业职称和学位相关法律出台之前,牙科学院或医学院应在《克罗地亚高等教育法》出台后授予毕业生相应的专业医学学位。

第一百七十三条

1. 截至1991年10月8日,在南斯拉夫社会主义联邦共和国境内的高等教育机构获得大学学位和学历的毕业生可获得专业职称或学术学位的重新认证。

2. 在南斯拉夫社会主义联邦共和国境内的高等军事或宗教教育机构获得毕业文凭的毕业生,若相关专业职称或学位与当前设置不符,可重新授予同等专业职称或学位。

第一百七十四条

1.《克罗地亚高等教育法》在提交至科技和教育部后,科技和教育部应在《克罗地亚高等教育法》生效后的6个月内开展实施。

2. 科技和教育部部长应在设立高等教育基金委员会的6个月之内,通过本法第一百四十四条中的管理法规。

3. 在本条第1款法规实施之前应依据现有法规执行管理,除非现有法规与本法相关条例相悖。

第一百七十五条

依据高等教育基金委员会的提议,科技和教育部应在1995年制定关于高等教育机构财务监督临时标准和相关规定,并于1996年确立相关预算法律。

第一百七十六条

1. 为完善高等教育系统以便开展活动,大学管理委员会应在《克罗地亚高等教育法》生效后的30日内设立各下属机构的管理委员会。

2. 大学管理委员会应确保在各下属机构管理委员会中有1名学生代表,以保证高等教育系统的完整性,促进各类重要活动的开展。在相关法律通过后即可确定学生代表的选举方式及职能。

3. 本条第2款涉及的学生代表在任命前,应确保各高等教育机构治理委员会的完整性。

第一百七十七条

1. 在依据《克罗地亚高等教育法》设立专业(研究领域)委员会后,科研/教学职称等级聘任委员会将会停止运行。

2.《克罗地亚高等教育修正法》生效之前,科研/教学和教学职称等级的聘任程序应依据《克罗地亚高等教育法》的相关条例执行。

第一百七十八条

1.大学应在《克罗地亚高等教育法》生效的 3 个月内依据该法调整其章程。

2.大学的各二级学院(院系、艺术学院、教学单位)应在大学调整章程之日起的 2 个月内调整各自章程。

第一百七十九条

科技和教育部的内部高等教育警察学院应于 1996—1997 学年后作为公立高等教育警察学校继续运行。

第一百八十条

1.在 1996—1997 学年之前科技和教育部的内部高等教育警察学院,其学生有权根据其第一年课程的进展情况决定是否终止课程。

2.《克罗地亚高等教育法》生效之前,科技和教育部的内部高等教育警察学院颁布的学位证书应与本法第五十四条第 1 款涉及的学位证书相同。

第一百八十一条

自《克罗地亚高等教育法》生效之日起,《克罗地亚职业指导教育法》(官方公报,最终草案,第 19/92 号)失效。

斯洛文尼亚

斯洛文尼亚,全称斯洛文尼亚共和国,位于欧洲中南部、巴尔干半岛西北端。西接意大利,北邻奥地利和匈牙利,东部和南部与克罗地亚接壤,西南濒临亚得里亚海。海岸线长46.6千米。斯洛文尼亚国土面积为20 273平方千米,全国人口约209万(2019年10月),首都是卢布尔雅那。斯洛文尼亚气候分山地气候、大陆性气候和地中海式气候,夏季平均气温21.3℃,冬季平均气温-0.6℃,年平均气温10.7℃。

1991年12月23日,斯洛文尼亚议会通过新宪法。1997年和2000年两次修宪。宪法确立立法、行政、司法三权分立原则。议会为国家最高立法和监督机构,分为国民议会和国民委员会。国民议会由90名议员组成,通过直接选举产生,任期4年。政府是国家权力执行机构,法院和检察院是国家司法机构。全国分为12个地区,共有212个市级行政单位。

斯洛文尼亚拥有良好的工业和科技基础、现代化的经济和产业结构,在汽车制造、高新技术、电气、制药等领域具有一定优势。主要工业部门有汽车制造、机械设备和家用电器制造、电气机械和仪表制造、化工(含制药)、电力能源、冶金、橡胶及塑料产品加工、非金属矿物质制品加工、食品饮料加工、木材加工、家具制造、造纸、印刷出版、纺织、成衣和皮革制品加工等。

斯洛文尼亚实行12年义务教育制度。学制:小学8年,中学4年,大学4~6年。2018—2019学年在校学生人数分别为:小学生和初中生18.8万人,高中生7.3万人,大学生6.6万人。各类教师共计3.9万人。全国共有国立综合性大学4所,高中111所,小学和初中772所。

注:以上资料数据参考依据为中国外交部官方网站斯洛文尼亚国家概况(2020年10月更新)。

斯洛文尼亚初等教育法

一、总则

第一条 本法内容

本法规定了公立、私立小学及在家自学需提供的初等教育内容。

第二条 教育目标

初等教育要实现以下目标：

(1)为全民提供初等教育；

(2)促进个人认知、情感和社会等方面协调发展；

(3)培养学生的识字能力和理解能力，培养学生运用斯洛文尼亚语、意大利语和匈牙利语等语言进行沟通和表达的能力；

(4)提升个人诚信意识；

(5)培养公民意识和国家认同感，熟知斯洛文尼亚的历史和文化；

(6)传授源于欧洲传统的文化价值和文明常识；

(7)教育学生互相宽容、尊重差异、善于合作，维护基本人权和自由，从而培养在民主社会生活的能力；

(8)学校需要提高教学知识水平，以达到国际化标准；

(9)学校需提供基础和应用知识，使学生能够独立应对社会和自然环境，培养学生的批判创造能力；

(10)培养学生保护文化传统的意识；

(11)了解其他国家的语言和文化；

(12)使学生能够根据个人能力规划发展；

(13)释放学生天赋，教导他们学会理解艺术作品与艺术表达；

(14)培养学生健康的生活方式和爱护环境的责任感。

第三条 年限

1.初等义务教育学制为9年。

2.儿童入读小学1年级后获得学生身份。

3.学生9年级毕业后即完成初等教育。

4.学生应履行完成九年义务教育的义务。

第四条　履行上学的义务

父母、监护人和其他负责照顾儿童的人(以下简称"家长")应确保他们的孩子履行上学的义务。

第五条　选择学校类型的权利

父母有权选择子女在公立学校、私立学校或家庭学校完成初等教育。

第六条　教学语言

1. 小学教学语言为斯洛文尼亚语。
2. 少数民族教学语言为意大利语,双语小学教学语言为斯洛文尼亚语和匈牙利语。
3. 在斯洛文尼亚公民以及意大利少数民族混合地区的小学,提供教学时可用斯洛文尼亚语和意大利语,在提供意大利语教学的学校的学生也应学习斯洛文尼亚语。

第七条　保护少数民族权利

意大利少数民族和匈牙利少数民族在初等教育上享有法律保护的特殊权利。

第八条　附加教育

1. 根据国际协议,应给移民至斯洛文尼亚的公民及其子女提供斯洛文尼亚语言和文化教学。
2. 根据国际协议,对于母语不是斯洛文尼亚语但是生活在斯洛文尼亚的斯洛文尼亚的公民的子女,应提供代表本土语言和文化的教学。

第九条　罗马人的权利

斯洛文尼亚境内的罗马人,应按照本法及相关条例接受初等教育。

第十条　外国公民

1. 具有外国公民身份或没有公民身份但生活在斯洛文尼亚的儿童,具有和斯洛文尼亚公民一样平等接受义务教育的权利。
2. 对本条第1款所述情况的儿童,应遵循国际协议对其进行相关母语和文化教育。

第十一条　有特殊需求的儿童

1. 应为有特殊需求的儿童提供适合的教育条件。
2. 有特殊教育需求的儿童包括有智力障碍的儿童、部分视力不佳的儿童、聋哑和听力受损的儿童、有言语障碍的儿童、有肢体障碍的儿童、长期患病的儿童、有行为和人格障碍的儿童,以及有学习与天赋困难的儿童。根据本法,应为他们以教育计划形式出台特殊教育条款,调整特殊教育计划,提供专业帮助。
3. 有特殊需求的儿童需要接受经调整的特殊教育计划和专业帮助,并接受制订个性化的教育方案。
4. 各小学应有为有特殊需求的儿童提供设计、实施和评估个性化教育方案的专家。

第十二条　有特殊需求儿童的教育

1. 对于有特殊需求的儿童,需要调整其教育计划,为其提供专业帮助,调整后的特殊教育计划应遵循本法及其他法律条例。

2. 有特殊需求的儿童应由学校提供符合本法的教育,并提供个人或团体指导以及其他形式的帮助。

第十三条　学生的医疗保健

小学应与医疗机构合作,为学生提供医疗保健服务。特别是 1 年级的学生,需要在学校接种疫苗期间定期接受全面的义务体检。

二、小学初等教育规划及工作组织

(一)初等教育规划

第十四条　小学课程

小学课程包括必修课程和选修课程。

第十五条　必修课程

必修课程包括必修科目和选修科目。

第十六条　必修科目

小学应为每个学生提供以下必修科目的教学,即在种族混合地区提供斯洛文尼亚语、意大利语或匈牙利语科目的课程,此外还有外语、历史、地理、社会伦理、数学、化学、生物学、物理学、艺术教育、音乐教育、体育、技术教育和家政科目的课程。

第十七条　选修科目

1. 除了必修科目外,小学还应为 7～9 年级的学生在社会科学、人文科学、自然科学以及技术科学领域内提供选修科目的教学。

2. 学校应在每个领域提供至少 3 门选修科目的教学。在社会科学和人文科学领域,学校应提供外语、宗教教育、道德和修辞教学。

3. 学生应选择 3 门选修科目,其中最多 2 门可以属于同一科学领域。

第十八条　修正方案

有特殊需求的儿童,其必修和选修科目教学应依据修正后的教育计划或特殊教育方案实施。

第十九条　课堂

上课期间,学生可以与班主任讨论与工作生活有关的问题。

第二十条　选修课程

选修课程包括业余课程、清晨护理、附加课程、补习课程、课外活动和实地考察。

第二十一条 业余课程

1. 小学应为1~6年级的学生提供业余课程。

2. 依据本法第十二条第1款,学校也可以在规定范围内为7~9年级的有特殊需求的学生提供业余课程。

3. 在课余时间,学生可以参加文化、体育和艺术等其他活动。

第二十二条 清晨护理

小学应向1年级学生提供清晨护理。

第二十三条 附加课程

附加课程是为学生提供的超出教育规定标准的个性化课程。

第二十四条 补习课程

补习课程是为有补课需求的学生开设的。

第二十五条 课外活动

为了培养学生的兴趣爱好,学校需在年度工作计划中明确可提供的课外活动形式。

第二十六条 自选课程

学生凭自愿参加小学提供的业余和补习课程,以及清晨护理、实地考察等其他课外活动。

第二十七条 其他活动

小学也可通过在年度计划中报备以组织其他活动。

第二十八条 私立小学

1. 私立小学应依据其附则确定小学课程。

2. 私立小学应为每个学生提供以下必修科目教学,即在种族混合地区提供斯洛文尼亚语、意大利语或匈牙利语教学的数学、外语、历史、伦理、社会、体育以及至少有一门自然科学科目、一门社会科学科目、一门艺术领域科目。

3. 私立小学也可以提供符合特殊教育原则的教学,并依据这些原则设置小学课程,为学生提供完成初等教育的基本知识。

(二)课时分配及教学大纲

第二十九条 课时分配及教学大纲

1. 课时分配的相关规定应明确学生每周和每学年应学习的科目、辅导课程及教学大纲中规定的其他课程的课时。

2. 教学大纲应确定每一个科目或学科领域的教学内容、教学标准和教学目标。

第三十条 私立小学课程标准

私立小学所提供的课程,以及本法第二十八条第2款所涉及的课程应至少达到公立小学课程的标准。

(三)初等教育计划

第三十一条　年度工作计划

1.年度工作计划应明确教育的内容、范围、时间和形式。并根据学时分配和教学大纲的内容、范围以及各类活动形式,规划学校辅导员配制,合理安排图书馆、学生健康发展活动中心及其他服务工作。明确教师和其他工作人员的教育培训,与高等教育机构合作开办新任教师的岗前培训,与研究机构、教育支持服务机构、咨询中心、校外专家合作以完成初等教育的各类课程。

2.年度工作计划最迟在每个学年的9月底由初等教育理事会遵照本法及其他相关法律执行。

第三十二条　学校工作计划

1.小学应在给学生和家长的工作计划中明确学生的权利和义务、学校课程特色及组织工作。

2.教育部部长(以下简称"部长")有权决定学校工作计划的必要内容。

(四)组织基础教育

第三十三条　教育等级

1.初等教育应分为三个教育等级(以下简称"等级"):

(1)第一等级包括1~3年级;

(2)第二等级包括4~6年级;

(3)第三等级包括7~9年级。

2.特殊教育修正案可以不按此规定划分有特殊需求儿童的教育等级。

第三十四条　学年

1.9月1日至次年8月31日为一个学年。

2.学年应划分为不同的评估期。

3.学年内每周最多只能上5天课,一个学年共38周。

4.如果年度工作计划中有规定,个别工作周也可以上6天课。

第三十五条　学生考勤

1.第一等级的学生每周参加的必修课程不得超过22学时,第二等级的学生不得超过26学时,第三等级的学生不得超过30学时。

2.每课时的时间通常为45分钟。

第三十六条　学年日历

学年的课程安排和学校的假期安排由部长规定。

第三十七条　年级、班级和小组教学

1.小学为学生提供各年级、班级和小组教学。

2.一个年级包含一学年的教育内容及教学大纲。

3.每个年级的学生被分入不同的班级。

4.为防止入学率过低,不同年龄、不同年级的学生也可被分配在同一班级。

5.如果学生人数较少(如小型小学、医疗机构的小学等),不能按年级和班级组织教学,小学应提供个人或小组教学。

6.教育活动期间,不同年级或班级的学生可以同时被安排进入小组教学。

7.部长决定班级和小组教学的组建标准。

第三十八条　教育供给

1.小学的教育活动包括教学和其他组织学生的工作。

2.小学的教育活动应由教师、辅导员和其他教育工作人员进行。

3.班级教师应在小学第一等级任教。

4.小学 1 年级应由班主任与副班主任负责或由 2 名班主任负责。第二名班主任或副班主任应至少分担一半的教学任务。

5.专业教师可以与班主任一起提供个人发展教育。

6.第二等级的教学应提供如下内容:

(1)4 年级应由班主任授课,但外语和个人发展科目尽量不超过 2 个,可以由专业教师授课;

(2)5 年级应由班主任授课,但外语和个人发展科目尽量不超过 3 个,可以由专业教师授课;

(3)6 年级应由班主任或专业教师授课。

7.第三等级由专业教师授课。

8.根据本法第十二条第 1 款,除其他教师外,具有特殊教育学位的教师可以对有特殊需求的儿童教学。

9.业余课程可以由学科教师、特殊教育教师、教育学专家、心理学家和教育社会学专家进行教学。

10.对有特殊需求的儿童可修改教育方案以便开展教育活动。

第三十九条　私立小学组织基础教育

私立小学的基础教育适用于本法第三十三条、第三十六条、第三十七条和第三十八条,但第三十八条第 8 款除外。

(五)教学组织

第四十条　按难度级别进行指导

1.在 1~3 年级,教师应根据学生能力区分教学。

2.在4～7年级,课堂上的练习应作为基本教学内容,应在数学课上提供难度较高的教学,斯洛文尼亚语和外语最多占分配给其他科目的四分之一课时(灵活分化)。

3.在8～9年级,斯洛文尼亚语、数学和外语科目应提供不同难度的教学。

4.部长按难度级别规定组织教学的详细规则。

第四十一条　难度水平转移

1.在评估期结束时,学生在向家长、教师和学校辅导员咨询后可以选择另一个难度级别的课程。

2.在9年级时,可以根据教育等级选择不同的难度级别的课程。

第四十二条　修正教育方案

1.学生的教育课程方案可以依据个人和教学水平进行修正。

2.本法第四十条和第四十一条不适用于有特殊需求的儿童,评估这些学生需有特殊的教育评估计划。

第四十三条　私立小学

本法第四十条和第四十一条不适用于私立小学。

三、注册入学

第四十四条　注册

小学1年级儿童将在每一学年的二月入学。

第四十五条　入学要求

1.父母应让年满六周岁的儿童就读小学1年级。

2.根据父母、卫生人员和评估委员会的建议,如果经评估认为儿童还不具备入学条件,可推迟一年入学。

第四十六条　评估儿童入学的准备情况

1.如果父母提出让孩子入学,需对儿童进行入学能力评估。

2.父母可以提出推迟孩子入学,若卫生人员因为孩子的健康原因提出推迟入学,则这一评估结果是强制性的。

3.校长需组建入学评估委员会以评估申请入学儿童的能力。该委员会由学校的医生、辅导员和其他教师组成。

4.该委员会应至少在课程开始前3个月将评估结果告知父母。

第四十七条　推迟上学

1.在学期间,学校辅导员、学校卫生人员或入学评估委员会在与孩子的父母达成一致后,可让1年级的适龄儿童推迟一年入学以便进行健康治疗。

2.校长组建的入学评估委员会可做出推迟儿童入学的决定。

第四十八条　学区

1. 家长有权根据居住地所在学区决定让孩子在公立或私立小学就读；如果个别位于学区内的公立或私立小学需要入学特许证，家长必须为孩子登记入学。家长可在学校批准后让孩子转学。

2. 参加公立小学或私立小学的儿童名单可从当地教育主管部门所保留的义务教育阶段适龄儿童信息记录中获得。当地教育主管部门从各地区的永久居民或临时居民登记处获得有关接受义务教育适龄儿童的信息。

3. 在学期间，学生经学校批准后可转学。

4. 如果一个学生希望从私立小学转学到公立小学，并且公立小学位于学生居住地所在的学区，则学区内的公立小学有义务接收该学生。

5. 本条第1款不适用于私立小学。

第四十九条　有特殊需求的儿童

根据本法第十二条第1款，父母有权让有特殊需求的子女在居住地所在学区内的小学报名，除非所在学区学校不符合特殊教育的要求，且该学校已为该儿童指定另一所能够出具当地教育机构认证的适合特殊教育的学校。

四、小学生的权利和义务

第五十条　班级出勤

1. 学生有权上课并参加各类活动。

2. 学生必须定期履行参加必修课程的义务，遵守小学章程中的相关规定。

第五十一条　平行教育

有音乐和杰出运动天赋的学生可以参加国家批准的与小学文化教育平行的音乐、芭蕾等其他活动，并按部长规定的方式履行义务。

第五十二条　豁免

学生可因健康原因免于参加学校的各类教育活动。

第五十三条　学生请假

1. 家长应向学校上报孩子请假的原因。

2. 一个学年内，父母没有向学校上报孩子的请假原因而学生无故缺课的现象不能累计超过5次。

3. 如有正当理由，在父母准许的情况下，校长可延长学生的请假时间。

第五十四条　转学

1. 处于义务教育年龄的学生无特殊理由不能被开除。

2. 只有在父母同意或主动要求的情况下，出于学习或教育的原因，且有其他学校愿意接收，学生方可转学。

3.如果学校不能提供学生转学的原因,则由部长任命的委员会判断并决定学生是否可以转学。

4.在委员会征得家长、学生以及所转移小学校长的同意后,学生方可转学。

5.委员会的决定具有强制性。

6.有特殊需求的儿童可根据特殊需求转入另一所学校。

第五十五条　延修

1.未完成九年义务教育的学生可延修2年。

2.校长可根据教学人员的提案和学生的学习情况,开除扰乱教育过程的学生。

3.本条第1款涉及的学生如果参加成人教育,即使成年也应保留其学生身份。

第五十六条　免费交通

1.学生的上学行程若超过4千米,则可享受免费交通服务。

2.所有1年级学生都享有免费交通服务的资格;其他年级的学生在上学途中如果发生交通事故,处于危险状况时,也有获得免费交通服务的资格。

3.不在当地学区上学的学生可获得交通补贴,使交通费用降低到同在当地学区上学的费用相同。

4.具体的交通方式由小学、家长和当地社区共同协商。

5.有特殊需求的学生不论其上学行程远近均享有免费交通服务的资格。

6.学校如果不能为学生提供交通服务,在免费日时,学生有资格在免费交通之家获得免费食宿。

7.小学应为学生提供日托服务。

第五十七条　膳食

小学应为所有学生每天至少提供一餐。

第五十八条　奖励

在学习或活动中表现优异的学生将获得学校奖励。

第五十九条　关于学生权利和义务的规定

学生的权利和义务、奖励和惩罚的执行标准应由部长制定。

第六十条　私立学校

本法第五十八条和第五十九条不适用于私立小学。

五、学生的评估、分级和进步

(一)评估

第六十一条　评估标准

1.应为小学生的知识评估划分清晰的等级。

2. 小学 1 年级学生用描述性等级进行知识评估。

3. 小学 2 年级学生用数字性和描述性等级进行知识评估。

4. 小学 3 年级学生用数字性等级进行知识评估。

第六十二条　评估结果通知

1. 教师应让学生参与知识评估。

2. 学生应被告知获得的评估等级。

第六十三条　学业成绩通知

1. 在每个评估期结束时,小学应向学生父母发送学生的学业成绩信息。

2. 小学应向小学 1 年级学生的家长当面传达学生的学业成绩信息。

3. 在学年期间,学校应向父母发送学生学业进展报告;在学年结束时,学生将获得学业成绩等级证书。

第六十四条　知识评估

1. 在小学阶段结束时,学生知识应达到由全国考试考核评定的最低教育标准。

2. 在第一等级结束时,学生的斯洛文尼亚语和数学知识需要评估。

3. 在第二等级结束时,学生的斯洛文尼亚语、数学和外语知识应进行评估。

4. 在第一和第二等级结束时,学生应根据小学制定的标准化评估程序参与评估。评估结果可作为学生的成果信息。

5. 第三等级结束时,小学应根据标准化程序,与外部审查员联合评估学生斯洛文尼亚语、数学、外语和两个必修科目的知识掌握情况。

6. 这 2 个必修科目,一个属于自然科学领域,另一个属于社会科学领域,由学生自己选定。

7. 在种族混合区域小学生知识评估方式如下:

(1) 在第一等级结束时,对学生的斯洛文尼亚语、意大利语、匈牙利语与数学分别进行评估;

(2) 在第二等级结束时,对学生的斯洛文尼亚语、意大利语、匈牙利语、数学和外语分别进行评估;

(3) 在第三等级结束时,对学生的斯洛文尼亚语、意大利语、匈牙利语、数学、外语和 2 个必修科目将分别进行评估。

8. 本条第 2~3 款不适用于依特殊教育原则实施初等教育的私立小学。

第六十五条　评估结果

知识评估结果只能用于本法规定的用途。

第六十六条　知识评估组织

知识评估由国家考试中心负责。

第六十七条　修正方案

修正后的教育或特殊教育方案决定另一种知识评估的方法。

(二)学习成绩等级的申诉

第六十八条　学习成绩等级的申诉

1.如果学生和家长认为学生的最终评审结果有误,家长在收到最终成绩报告评定证书后的三天内可向校长提出合理的申诉。

2.校长应在收到申诉后的3天内组建委员会,其中至少有1名委员是非校方人员。

3.如果委员会指出授予学生的等级不合适,则应由委员会重新评估。

4.如果委员会指出,在最终评估分级时出现拼写错误,计算错误或评估方法错误,则由委员会重新评估。

(三)升级

第六十九条　进步

1.如果学生在所有科目评估中都获得优异成绩,学生可在一个学年结束时升级。

2.学生在1~2年级不可复读。

3.但是如果因为长时间缺课、生病、搬家或其他原因而导致学生学业成绩低下,父母提出要求或者根据教师和学校的建议,学校辅导员与父母达成协议,提出正当理由,学生则可以复读。

第七十条　补考

1.在学年结束时,7年级和8年级的学生最多可在两个科目获得负等级,在该学年结束时可以参加补考,一学年最多可以补考2次。

2.在学年结束时,9年级的学生会针对得到负等级的几个科目参加补考,一个学年可以补考4次。

3.如果学生未通过补考,则应复读一年。

第七十一条　有特殊需求的儿童

如果特殊教育计划有规定,则本法第六十九条和第七十条的规定不适用于特殊教育修正方案所提到的学生。

第七十二条　顺利完成9年级

1.如果学生所有科目都获得正等级,并顺利通过知识评估,则意味着学生顺利完成9年级课程教育。

2.调整后的教育计划不需要知识评估,学生只要在9年级所有科目中获得正等级,则意味着顺利完成课程教育。

3.有特殊需求的儿童应按照特殊教育方案规定的方式顺利完成教育。

第七十三条　成功完成最终知识评估

1.如果学生在所有科目的最终评估中都获得正等级,则学生被视为在最终知识评估中获得成功。

2.学生如果符合以下条件,在该科目中获得至少正等级所需分数的80%,则应被授予该科目正等级并可以参加最终评估:

(1)学生在9年级的所有科目都为正等级,并且在9年级结束时至少有1个必修或选修科目的等级为"好";

(2)或者学生在最终评估的其他科目中获得正等级,并且至少有1个科目获得等级为"好"。

3.在参加最终评估的这些科目中,学生至少有2个科目获得正等级所需分数的90%,在以下情况下应被授予正等级:

(1)学生在9年级所有科目都为正等级,并且在9年级结束时至少有2个必修科目或选修科目等级为"好";

(2)或者学生在最终评估的其他科目中获得正等级,并且至少有2个科目等级为"好"。

4.学校应通知学生最终知识评估的等级。

5.根据本条第2~3款规定的要求,小学应通知体育馆和其他普通中学关于评估等级的信息。

第七十四条　重新进行最终知识评估

学生有权重新进行最终知识评估。

第七十五条　10年级

1.在重新进行最终的知识评估之后,学生如果未能通过最终知识评估,可能会需要就读当前小学或与其他小学合作组织的10年级。

2.希望在评估知识决赛中提高成绩的学生也可以选择就读10年级。

第七十六条　检查

1.学生由于生病或其他正当理由无法上课,可以参加学年末个别科目的考试。

2.本条第1款的许可取决于理由是否合理。

第七十七条　考试委员会

学生的补考和等级考试由考试委员会举办。

第七十八条　豁免

学生因健康原因不能参加个别科目考试,这些科目不参与等级评估。

第七十九条　跳级

1.经家长、教师或学校辅导员的建议,小学应允许拥有高于平均学习水平的学生提前完成义务教育。

2.学校的教职工与学生的父母达成协议后可决定学生是否跳级。

第八十条 学生评估和升学的规定

部长发布对学生评估和升学的详细规定。

第八十一条 私立小学

本法第六十一至六十三条、六十九条、七十条和七十六至八十条的规定不适用于私立小学。

六、证书

第八十二条 证书

1.小学应在每学年结束时向学生颁发官方证书。

2.在学年结束时,小学可对有特殊教育需求的学生取得的进展进行描述性评估。

第八十三条 证书的内容

学校应向1～3年级的学生颁发描述性等级证书,向4～9年级的学生颁发数字性等级证书。

第八十四条 毕业证书

1.学校应向完成初等教育的学生颁发毕业证书。

2.毕业证书应列出学生在9年级获得的最终成绩。

3.根据第七十二条第2款,完成修正教育方案的学生的毕业证书应列出在9年级获得的最终成绩。

4.完成特殊教育方案的学生应获得初等教育的毕业证书,并报告描述性等级。

第八十五条 义务教育毕业证书

完成义务教育但未上过初等学校的学生可以领取义务教育毕业证书。

第八十六条 学校档案法定文书

证件和其他文件的内容和形式由部长决定。

第八十七条 行政程序补发证书

在文件遗失或被毁坏以及缺少学校档案的情况下,教育部应根据行政程序法给上过小学的学生补发证书。

七、家庭学校

第八十八条 家庭学校的权利

家长有权在家为其子女提供初等教育。

第八十九条 实施家庭学校教育权

1.在开学前3个月,家长需以书面形式通知子女要入学的小学关于子女在家自学的相关情况。

2.通知内容包括国家批准的家庭教育方案、儿童姓名、家长姓名、教育地点以及施教者的姓名。

3.在家自学的记录应由学校保存。

第九十条 知识评估

1.在家自学应保证学生至少达到与公立小学相同的课程教育标准。

2.学校应在每学年结束时评估学生的知识水平和学习成果。

3.有特殊需求儿童的家庭教育知识评估应按修正的特殊教育方案进行。

4.1~3年级应评估母语和数学相关知识。

5.4~6年级,应对母语、数学和第一外语知识应进行评估。

6.7~9年级,应对本法第二十八条第2款规定的知识进行评估。

7.如果学生没有达到特定年级定义的教育标准,学校有权在下一学年开始之前重新评估。

8.未通过重新评估的学生应继续进入下一学年的公立或私立小学学习。

第九十一条 最后阶段的知识评估

1.本法第六十四条的规定适用于最后阶段的知识评估。

2.根据特殊教育修正方案,本法第六十七条的规定适用于对在家学习的有特殊需求的儿童进行知识评估。

第九十二条 家庭学校证书

1.学校应对在家自学成功的学生颁发官方证书。

2.本法第八十三至第八十七条的规定适用于家庭教育证书。

3.根据特殊教育修正案,本法第八十二条和本法第八十四条相关规定适用于向有特殊需求的儿童发放接受家庭学校教育的证书。

八、成人教育

第九十三条 成人教育

1.成年人的初等教育应由成人初等教育机构提供。

2.成人教育课程可以由完成义务教育的人参加。

3.依照本法,成人教育需要调整学生评估、评分、进度和课程安排。

4.本法的规定适用于其他成人教育规定的基本条款。

九、收集和保护个人资料

第九十四条 个人身份信息保护条例

小学需收集、处理、存储、提交个人身份信息数据,遵守有关保护个人身份信息的规定。

第九十五条　记录内容

1.小学应保留下列档案：

(1)入读小学的学生及其父母的相关记录；

(2)学生的进步记录,包括颁发的证书和其他文件；

(3)学生矫形记录和形态特征记录；

(4)对学生进行帮助和咨询的记录。

2.本条第1款的记录应包括：

(1)学生的相关资料,即姓名、性别、出生日期、出生地、居住地址、国籍、特殊健康问题；

(2)父母的相关资料,即学生留在学校的紧急信息中的姓名、居住地址和电话号码。

3.本条第1款第(2)项的资料包括关于学生升学的记录、颁发的证书和其他文件。

4.除本条第2款第(1)项的信息外,第1款第(3)项包括瞳孔高度、体积、交替运动的速度,爆发力,身体运动的协调性,身体的耐力,运动技能,肩膀和手臂的耐力,跑步的速度和耐力。

5.本条第1款第(3)项的个人资料应与学生的父母或监护人协商收集。

6.本条第1款第(4)项的记录应包括：

(1)家庭病史；

(2)病情发展史；

(3)诊断程序；

(4)专业支持程序；

(5)其他机构(包括福利中心,医疗机构,住房、咨询和教育支持中心)的专家意见。

7.本条第4款的个人资料应与学生的父母或监护人协商收集。

8.辅导员有义务将本条第4款的工作信息保密。

9.依照本法第四十八条第2款的规定,当地教育主管部门对义务教育阶段儿童的记录应当包括：

(1)关于儿童的资料,即姓名、出生日期和居住地址；

(2)有关父母的资料,即姓名和居住地址。

第九十六条　数据收集方法

相关数据应从有关人士处获取。

第九十七条　信息资料的用途

1.第九十五条中学生义务教育阶段的个人信息资料的收集、处理、储存和使用,需提交给有执行监管任务的教育部。

2.不得透露、使用和发布学生的个人信息。

第九十八条　存储记录

学校需永久保存学生的相关记录,包括升学情况、签发的证书和其他文件。

第九十九条 法定文书

部长决定关于信息收集方法的详细说明,学校工作者有权使用包含在个人档案中的信息,记录个人资料使用和发布方式,以及数据的删除方式或其他数据保护方式。

十、监控

第一百条 监控

按照学校监察法监控学校教育运作过程。

十一、处罚

第一百零一条 负责任的学校官员

以下情况,负责学校运作的官员被罚款 50 000 托拉尔:

(1)不根据教学大纲和课程确定的范围提供教育活动;

(2)不根据年度工作计划提供教育活动;

(3)没有按照本法对有特殊需求儿童提供教育活动;

(4)违反本法规定,学区内的学校拒绝某位儿童入学;违反特殊教育需求的声明规定,拒绝有特殊需求的儿童入学;

(5)没有保留信息记录的档案。

第一百零二条 父母

以下情况,家长将被罚款 10 000~50 000 托拉尔:

(1)他们没有按照本法将他们的子女送入小学;

(2)他们没有按本法第十二条第1款的特殊教育需求声明,让有特殊需要的子女入学;

(3)违反本法第四条,不让他们的子女完成义务教育。

十二、过渡和最终条款

第一百零三条 教师培训

1. 在本法生效前完成教师培训计划并获得适当学位的小学1年级教师,需提供高等教育相关证书,证明其具有执行小学教学计划所需的知识。

2. 若无法提供高等教育相关证书,则证明具有执行小学教学计划所需知识的方案需征得部长和高等教育委员会的意见后方可确定。

3. 参加教师培训是在职教育的一部分。该方案最迟于本法生效后6个月开始实行。

第一百零四条 教学大纲和课程

教学大纲和课程最迟在1998年9月由权力机构决定。

第一百零五条 逐步实施计划

1. 初等教育课程将根据该法逐步实施。

2.在1999—2000学年、2000—2001学年和2001—2002学年,学校需有足够的生源、空间,满足其他要求,在获得部长许可后可实施教学。

3.1998年9月1日由部长颁发许可证决定评估程序要求要达到标准。

4.到2002—2003学年初,州和地方社区应遵守本法创办初等教育学校。

第一百零六条 自愿登记入学

1.根据本法,在1999年、2000年和2001年,家长可以让6岁以下的子女选择报名就读小学1年级。

2.依照本法第四十八条的规定,父母可让其子女入学。

第一百零七条 为6年级学生提供教育

1.在1999—2000学年、2000—2001学年和2001—2002学年,获得部长许可和父母同意的学校应开始为所有6年级的学生提供教育。

2.在2002—2003学年,应给国内所有6年级学生提供教育。

第一百零八条 知识的最终评估

1.在1996—1997学年开始上小学1年级的学生可选择对知识进行最终评估。

2.在1997—1998学年开始上小学1年级的学生必须参加最后的知识评估。

第一百零九条 完成义务教育

本法生效之前已经完成义务教育的个人应被视为已按照本法完成义务教育。

第一百一十条 附属立法

1.依照本法规定的附属立法应由部长在本法生效1年之后发布。

2.本条第1款立法生效前,下列从属立法应继续有效,但不符合本法规定的除外:

(1)《小学学术日历条例》;

(2)《小学学生分级和升学条例》;

(3)《小学教育记录条例》;

(4)关于认可外国学校证书所需文件的规定;

(5)关于在职教育和培训幼儿园和学校雇员的条例;

(6)关于通过小学运行和选修科目课程指导方针的命令;

(7)关于小学生活和工作计划的命令。

第一百一十一条 废除的立法

废除原初等教育法,其中关于小学生活和工作方案的规定除外。

第一百一十二条 生效

本法自官方公报公布后的第15日生效。

斯洛文尼亚高等教育法

一、总则

第一条 本法案的内容

1. 本法规定了高等教育机构的地位和开展高等教育活动的条件等问题，明确了高等教育的公共服务职能及高等教育筹措经费的方式。
2. 本法还规定了图书馆、研究所及其他机构的地位，以及上述机构实现高等教育活动的相关要求。

第二条 高等教育机构

高等教育机构是指大学、学院、艺术学院和高等职业院校。

第三条 大学

1. 大学必须保证科学、职业和艺术的发展；学院、艺术学院或高等职业院校必须确保多学科或艺术领域以及职业知识能在教育过程中传递。
2. 大学可直接组织科学研究和跨学科项目研究。

第四条 学院和艺术学院

1. 学院可在一个或多个相关或相互联系的学科领域中开展科研教育活动并促进其发展。
2. 艺术学院可在一个或多个相关或相互联系的艺术学科领域中进行艺术和教育活动并促进其发展。

第五条 高等职业院校

1. 高等职业院校应在一个或多个相互联系的专业领域开展教育活动并促进其发展。
2. 高等职业院校也可以进行研究或艺术作品创作。

第六条 高等教育机构的自治

1. 大学是能够从事科学研究、艺术与教育活动的高等教育自治机构。
2. 由斯洛文尼亚建立的大学和独立高等教育机构应按照自治原则运行，具体包括以下内容：
（1）科研、艺术创造和知识转移的自由；
（2）根据本法规定独立安排内部组织活动；
（3）通过高等学校教师、科研人员及其他工作人员的职称评定标准；

(4)选择高等学校教师、科研人员和其他工作人员；

(5)确定高等学校教师、科研人员和其他工作人员所担任的职务；

(6)制订科研计划、学习制度安排及学生测试的形式和时间；

(7)根据本法授予专业、科学、荣誉博士学位和荣誉教授等职称；

(8)根据本法和其他法律进行选举、任命工作人员和关闭机构；

(9)决定与其他组织的合作方式；

(10)按需进行资产管理。

第七条(a) 公平教育

1.斯洛文尼亚公民享有同等接受高等教育的权利。

2.非斯洛文尼亚公民身份的斯洛文尼亚人和斯洛文尼亚公民享有同等接受等高教育的权利。

3.根据本法,非斯洛文尼亚公民身份的斯洛文尼亚人是指斯洛文尼亚国籍拥有者的第三代后裔。

4.在互惠原则下,外国公民与斯洛文尼亚公民享有同等在斯洛文尼亚境内接受高等教育的权利。

5.本条第2款和第4款关于教育和人员的规定中,可用场地的数量、学费、学生宿舍以及学生的权利与义务等具体条件必须由高等教育部部长确定。有利于非斯洛文尼亚公民身份的斯洛文尼亚人的入学条件,由斯洛文尼亚公立高等教育机构的章程决定。

第七条(b) 外国公民和非斯洛文尼亚公民的补助

1.斯洛文尼亚可以根据国际条约、协定或互惠互助原则,为非斯洛文尼亚公民的斯洛文尼亚人和外国公民提供教育或额外的培训学习奖学金或助学金。

2.奖学金或助学金候选人的筛选应考虑到国际条约或协定规定的条件,在相关条约或协定中没有此类条件时,应考虑候选人的学习成绩。

3.对于斯洛文尼亚公民、非斯洛文尼亚公民身份的斯洛文尼亚人以及外国公民的具体奖助条件和方法应当由高等教育部部长决定。

第八条 教学语言

1.教学语言应为斯洛文尼亚语。

2.高等教育机构可以在其章程规定条件下用外语提供学习课程或部分内容的教学。

3.如果高等教育机构提供公共服务,则可以用外语提供以下内容：

(1)外语学习课程；

(2)部分学习计划,如外国访问学者参与的课程或有大量外国留学生注册的课程。

4.高等教育机构应确保斯洛文尼亚语教学的专业性和科学性。

5.非斯洛文尼亚公民身份的公民必须学习斯洛文尼亚语。

6.高等教育部部长应规定斯洛文尼亚语的具体学习方法。

二、高等教育机构、大学联盟机构、大学学生宿舍

第九条 相关机构的建立

1.高等教育机构、大学联盟机构和大学学生宿舍应由斯洛文尼亚、国外自然人或法人建立。

2.为了提供与高等教育相关的公共服务,斯洛文尼亚政府应建立公立高等教育机构和其他公立机构,例如,大学联盟和大学学生宿舍等。

第十条 大学及其成员的法律主体性

1.大学是法律实体。学院、艺术学院以及高等职业学院和大学的其他机构都设立在大学内部。

2.大学成员应享有本法、大学章程和其他规章制度所规定的权利并履行其规定的义务。

3.在开展斯洛文尼亚国家资助的高等教育计划时,应当遵循大学规章制度。

4.任何一所大学都可以开设银行账户。

第十一条 独立高等教育机构

学院和艺术学院与高等职业院校等非独立高等教育机构可作为独立建制并且属于法律实体。

第十二条 大学联盟

1.独立高等教育机构及其他机构可作为大学联盟的成员。

2.大学联盟的条件以及大学联盟成员的权利和义务由大学章程规定。

第十三条 资产

1.由斯洛文尼亚政府建立的大学或独立高等教育机构应是公共资金和其他渠道资金所有者。

2.除非本法另有规定,否则高等教育机构应当按照其章程和法规管理和处置其活动中使用的资产。

3.本条第1款提及的大学或独立高等教育机构,在与创建者达成一致的前提下,可转让公共资金或从中获得的公共房产和贵重设备。

4.通过资产出售所筹集的资金可用于设备投资与维修。

第十四条 建立高等教育机构的条件

1.建立高等教育机构应具备以下条件:

(1)明确所建高等教育机构的学习、研究和艺术领域,同时根据国际标准教育分类法界定学习领域;

(2)稳定、安全的场地和设备;

(3)稳定的高等教育教学人员、科研人员和其他人员。

2.建立大学,必须满足上述三个条件;建立独立高等教育机构、学院或艺术学院,必须至少满足上述两个条件;建立高等职业院校,必须满足本条第1款第(1)项。

3.在相关规定通过之前,创始人应寻求并获得专家对于斯洛文尼亚高等教育委员会关于建立或调整高等教育机构的意见(高等教育机构的认证)。

4.斯洛文尼亚高等教育委员会至少每7年重新评估高等教育机构的建立条件(高等教育机构的重新认证)。

第十五条　公立高等教育机构章程

公立高等教育机构和其他大学机构章程应由斯洛文尼亚议会审议通过。

第十六条　开展工作和活动的条件

1.高等教育机构可以根据注册登记的内容自行开展活动。

2.高等教育部负责注册登记。

3.高等教育机构应进行注册登记,如:

(1)高等教育机构根据本法设立并在法院注册;

(2)高等教育机构拥有一项认证过的学习计划;

(3)高等教育机构拥有稳定的高等教育教师、科研人员和其他人员执行教学计划;

(4)高等教育机构具有充足的校舍、技术设备、工作安全保障和其他规定条件。

4.斯洛文尼亚建立的高等教育机构应进行相应的登记。

5.斯洛文尼亚高等教育委员会对高等教育机构的重新认证结果必须进行登记。

6.如果在高等教育机构和学习计划的重新认证中发现问题,这些问题在特定时间段内未能被解决,则高等教育机构注册的内容将被删除。

7.登记注册的内容和形式由高等教育部决定。

第十七条　未认证计划的条件

未能通过学习计划认证的高等教育机构,可在学习计划符合高等教育机构章程以及符合相关技术设备要求、工作安全保障以及其他规定的条件后开始工作。

第十八条　高等教育机构的名称保护

大学、学院、艺术学院和高等职业学院的名称只能由根据本法成立的高等教育机构使用,应当符合本法第十六条和第十七条中关于执行高等教育活动的规定条件。

第十九条　法规

作为法人实体的高等教育机构应当制定规范组织运行的法规。

第二十条　管理机构

1.大学的管理机构应包括校长、理事会、行政委员会和学生会。

2.大学联盟的管理机构应包括院长、理事会、学术议会和学生会。

3.大学联盟所属的其他机构的管理机构应包括董事会或专业理事会。

4.非大学联盟的高等院校的管理机构应包括院长、理事会、学术议会、行政委员会、学生会。

5.高等教育机构和所属大学联盟的其他机构根据其章程或法规可以设置其他管理机构。

第二十一条(a) 理事会

1.理事会是高等教育机构的专业管理机构。

2.大学理事会必须由大学理事会成员(科学家、艺术和专业学科的代表)选举产生。

3.学院、艺术学院或高等职业学院的理事会应由高等教育教师组成,如果高等教育机构章程规定,也可包括科研人员。理事会必须由高等教育机构的科学、艺术和专业学科的代表构成,理事会成员人数由该章程决定。

4.大学校长应当选为大学理事会成员,院长应当选为大学理事会或独立高等教育理事会成员。

5.学生会代表应是大学理事会成员;而学院、艺术学院和高等职业院校学生会代表应当成为各高等教育机构理事会的成员。学生代表人数至少应占高等教育机构理事会成员的五分之一。

6.专业理事会是大学联盟其他机构的专业管理机构。其组成应符合大学章程要求。

第二十一条(b) 学术议会

1.大学或独立高等教育机构的学术议会由高等教育教师、科研人员和高等教育人员组成。学生代表也应参加其工作,且至少占学术议会成员的五分之一,其参与方式由高等教育机构章程决定。

2.学术议会的职能有:

(1)选举理事会;

(2)向理事会推荐院长候选人;

(3)讨论高等教育机构的工作报告,向理事会提交建议和整改举措;

(4)执行高等教育机构章程规定的其他任务。

3.从学术议会成员中选出一名主席,主席负责召开并主持会议。

4.根据本条第1款规定,当组建的学术议会超过200位成员时,其中学术团体成员不得少于100人。

5.本条第4款所述学术议会的组成应当符合高等教育机构章程要求。

第二十二条 行政委员会

1.行政委员会是高等教育机构的行政机关。

2.斯洛文尼亚建立的高等教育机构行政委员会应由创始人代表、参与高等教育活动的工作人员代表、学生代表、其他工作人员代表以及雇员代表组成。

3.私立高等教育机构行政委员会的构成应由高等教育机构章程决定。

第二十三条　校长

1.校长应当代表大学管理人员履行以下职责：

(1)召开并主持理事会会议；

(2)协调大学的教育、科研和艺术等工作；

(3)确保大学各项工作的合法运行，履行法律、规定赋予的义务；

(4)经理事会同意，为大学的质量、学习计划、科研、艺术和专业工作制定标准，并负责质量监管；

(5)每年至少向理事会、行政委员会和大学创始人汇报一次工作；

(6)授予博士学位；

(7)授予大学奖学金；

(8)根据本法、其他规定开展其他工作。

2.校长应由大学聘用的高等教育教师、科研人员和高等教育人员选举产生。学生也有权投票，占大学高等教育教师、科研人员和其他人员五分之一的投票数。

第二十四条　院长和系主任

大学院长和系主任应承担法律规定的权利和义务，应履行以下工作：

(1)协调教育、科研和艺术等各项工作；

(2)确保工作的合法性；

(3)负责监督、评估和保证大学成员学习计划、科研、艺术和职业工作的质量，并筹备年度质量报告(成员自我评估)；

(4)每年至少向理事会和校长做一次工作汇报；

(5)依照本法、其他规定处理其他工作；

(6)任何大学教师或独立高等教育机构的教师都可以被任命为院长；

(7)任何接受过高等教育者都可被任命为系主任；

(8)院长和大学的系主任将由校长根据理事会或大学专业理事会建议任命；

(9)非大学联盟的高等教育机构的院长应为管理机构的专业负责人。

第二十五条　分类管理

根据高等教育机构的活动性质和工作范围，高等教育机构章程可将专业性管理和职能性管理进行区分。在这种情况下，该章程必须明确职业领导人和管理机构应具备的能力。

第二十六条　学生会

1.学生会由学生代表组成。

2.学生会有权对高等教育机构章程中与学生权益相关的问题进行探讨和提议，同时也可以对校长和院长候选人提出意见，并根据学生群体的意见策划和实施课外活动的方案。

3. 如果本条第 2 款所述意见未被考虑,学生会可以要求主管机构根据高等教育机构章程规定的程序针对个别问题进行复议和申诉。

第二十七条　高等教育机构秘书处

高等教育机构应设置秘书处,选择一名秘书负责执行行政和专业技术事务。

第二十八条　组织机构

高等教育机构和大学联盟的任务、能力、成员数量、选举方式、任务期限以及机构决策方法应由本法进行详细规定。

第二十九条　校长协会

为讨论和协调重要事项,大学应当建立校长协会。

第三十条　印章

公立高等教育机构和其他高等教育机构应有注明机构名称、官方地址和斯洛文尼亚的印章。高等教育机构在提供公共服务时也应使用该印章。

第三十一条　学生宿舍

1. 学生宿舍的相关活动应为公益性的,可由大学、公司和其他法律实体组织提供,学生宿舍管理应当保证学生的利益。

2. 学生宿舍可以建在大学内部。

3. 学生宿舍的管理人员应由系主任和学生住宿委员会成员组成。

4. 学生住宿委员会成员的学生应当依本法代表学生利益。

二、教学、科研及艺术活动

第三十二条(a)　教育学习计划的审议

1. 教育学习计划应由大学理事会或独立高等教育机构理事会审议通过。

2. 大学理事会或独立高等教育机构理事会必须获得斯洛文尼亚高等教育委员会的同意。斯洛文尼亚高等教育委员会应至少每 7 年根据决议确定是否延长或撤销教育学习计划。

3. 教育学习计划的认证必须经斯洛文尼亚高等教育委员会同意。高等教育机构不得在录取文件发布前公布教育学习计划。

第三十二条(b)　教育学习计划的认证

1. 凡在教育学习计划中完成所有任务者将获得教育认证,并应获得相应的文凭。文凭的内容和形式由高等教育机构主管部门确定,并发布在斯洛文尼亚国家公报上。

2. 文凭附录是文凭的组成部分。高等教育机构应以斯洛文尼亚语以及欧盟官方语言之一发行。格式由高等教育部在斯洛文尼亚高等教育委员会的建议下确定。

3. 文凭和文凭附录免费。

第三十三条(a) 教育学习计划等级

教育学习计划分为三个等级：

- 第一级

(1)高等职业教育学习计划

(2)大学学习计划

- 第二级

硕士学习计划

- 第三级

博士学习计划

1.第一级学习计划属于本科学习,第二、三级学习计划属于研究生学习。

2.高等职业教育学习计划使学生能够获得专业知识和运用科学方法解决工作问题的技能,获得在专业范畴内的沟通技巧、职业批判思考能力、责任、创新能力以及在决策和管理方面的独立能力。

3.大学学习计划能够使学生通过理论与方法的学习、技能的迁移,将理论知识应用于实践,解决专业性工作问题,尤其是通过新知识进行研究,通过新科学方法提升专业交流技能、专业批判思维、责任感、创新精神及最具有挑战性工作的独立管理和决策的能力,必须在工作环境中进行实践教育或者参与科研工作。

4.硕士学习计划使学生能够在更广泛的专业领域加深对知识的理解,培养学生在专业和科学领域寻找新知识,在广泛的问题和新的变化情况下使用科学方法研究,接受最具有挑战性的工作管理责任,发展批判性反思能力,提升管理团队工作的社会沟通能力。学生硕士学习计划必须进入基础研究或应用研究项目。

5.博士学习计划使学生能够更深入地理解理论和方法,同时获得独立发现新知识的技能,通过实验探索解决最具挑战性的问题,能够管理最有挑战性的工作和参与多学科领域科研项目,从而具有批判反思能力。基础或应用研究项目必须要成为博士学习计划的必要内容。

6.在斯洛文尼亚高等教育委员会通过的高等教育资格国家框架内确定详细的学习计划目标。

第三十三条(b) 培训计划

1.培训计划是一种终身学习的形式,主要用于培训、补充、深化和更新知识。

2.除学习计划外,高等教育机构还可以组织各种形式的非正式学习,如暑期学校等,上述内容不能影响教育学习计划的实施。

第三十三条(c) 联合学习计划

1.联合学习计划是指由高等教育机构与一个或多个国内外高等教育机构合作,共同提供的教育学习计划。

2.除了本法规定之外,高等教育机构还应考虑斯洛文尼亚高等教育委员会制订和通过的联合学习计划标准。

3.完成联合学习计划全部规定的人员,均应获得由高等教育机构提供学习计划的联合文凭。联合文凭为公开文件。联合文凭和文凭附件的内容和形式由高等教育机构决定。

第三十四条　学习计划的提供者

本法第三十三条(a)、第三十三条(b)所述的学习计划,应由大学、学院和艺术学院组织提供。高等职业院校应组织提供专业性高等教育学习计划和培训计划。如果大学章程做了相关规定,或已经认可高等职业院校拥有稳定的高等教育教师、科研人员和高校职工,并且院校符合实施科研或艺术工作的条件,那么上述组织可以提供硕士学习计划,否则只可以根据第三十三条(c)规定与高等教育机构共同提供。

第三十五条(a)　教育学习计划的组成部分

1.第一级和第二级教育学习计划必须具有以下组成部分:

(1)计划的基本信息(名称、级别、类型、时间);

(2)明确基本目标或通过该计划所能够获得的一般能力和具体学科能力;

(3)该计划国际可比性的数据;

(4)高等教育机构国际合作的数据;

(5)在欧洲学分转换系统下学分评估的教学大纲以及计划中选修课的比例;

(6)入学条件和筛选标准;

(7)注册学习计划前具有的知识和技能标准;

(8)评估方法;

(9)该计划可以取得进展的条件;

(10)不同计划之间的转换条件;

(11)研究方法;

(12)完成学习的条件;

(13)完成计划所规定的各个部分的条件;

(14)根据本法授予专业学位。

2.博士学习计划的目的是使学生能够深入地理解理论和方法。博士学习计划应适当规定强制性内容(本法第八条、第十一条、第十三条、第十四条除外)。课程大纲应确定分配给学生学习计划中的研究内容和学分评估标准。博士学习计划下的学习形式至少包括60学分。

3.教育学习计划还可以包括由高等教育机构章程确定的其他组成部分。

第三十五条(b)　培训计划的组成部分

1.培训计划包括以下组成部分:

(1)计划的基本信息(名称、类型、持续时间);

(2)明确基本目标或通过该计划所能够获得一般能力和具体学科能力;

(3)在欧洲学分转换系统下获得学分评估的教学大纲以及确定计划中选修课比例;

(4)入学条件和筛选标准;

(5)注册计划前具有的知识和技能标准;

(6)评估方法;

(7)该计划可以取得进展的条件;

(8)研究方法;

(9)完成学习的条件。

2.培训计划还可以包括高等教育机构章程确定的其他部分。

第三十六条　学习义务和学习期限

1.学习义务应在欧洲学分转换系统下进行评估。每位学生学习计划应包括60学分。

2.专业性高等教育学习计划和大学学习计划应包括180～240学分,学习时间在3～4年。

3.硕士学习计划应包括60～120学分,学习时间在1～2年,在同一专业领域第一级学习计划的学习时间应该是5年。

4.由欧盟规定的职业教育学习计划的学习期限必须与欧盟规定同步。

5.博士学习计划应包括180学分并持续学习3年。

第三十七条　学年和课程量

1.学年期限应从当年10月1日至次年9月30日。

2.本科学习计划应包括每周至少20小时,至多30小时,每年30周的讲座、研讨会和练习。如果学习计划包含实践培训,学生的总课程不得超过每周40小时,每年不得超过42周。

3.尽管本条第1款和第2款有规定,但如果与学习性质相符,讲座、研讨会的时间计划可以根据学生安排进行调整。相应的调整应按照相关规定的程序进行。

4.按照相关规定的程序,艺术学院的讲座、研讨会和练习的组织和时间计划可以根据学习计划进行调整。

第三十八条　第一级教育学习计划录取要求

1.任何通过中学考试者都可以进入第一级教育学习计划。

2.在完成某一专业中等技术教育计划或通过职业实践课程者,也可以进入大学学习计划。

3.适当的中等技术教育计划应当由教育学习计划规定。

4.教育学习计划也可以规定以特殊才能或体育技能作为录取要求。

5.艺术学院可以在其学习计划中规定不满足本条第1、2、4款要求,但具备突出艺术天赋的人可以被纳入学习计划。

第三十八条(a)　第二、三级教育学习计划的录取要求

1.完成以下要求者均可以参加硕士学习计划：

(1)专业领域的第一级教育学习计划；

(2)其他专业领域的第一级教育学习计划，条件为学生在入学前已经完成了继续学习所必需的学习任务，这些义务应由特定的专业领域确定，包括10～60学分。候选人在第一级教育学习期间、在培训计划期间可以完成培训课程或在参加硕士学习计划之前通过考试。

2.本条第1款所述的学习任务是指由硕士研究生课程确定的学习内容。

3.硕士学习计划可以将特殊才能、体育技能或相关工作经验作为录取要求进行规定。

4.完成以下内容者均可参加博士学习计划：

(1)第二级教育学习计划；

(2)本法第三十六条第4款的学习计划，并获得300学分；

(3)在相关专业领域至少进行4年本科学习，并在研究或职业工作中成功获得60学分。

第三十八条(b)　外国同等学力教育

任何在国外完成同等学力教育的人也应符合本法第三十八条和第三十八条(a)的规定。

第三十九条　学习计划的调整

学习计划应符合斯洛文尼亚高等教育委员会规定的标准，确定同级学习计划之间的转学条件以及从继续教育学习计划转为第一级学习计划的条件。

第四十条　招生

1.加入公立高等教育机构认证的教育学习计划应当实施公开招生。

2.大学本科应有单独的招生计划，该计划至少在学年开始前6个月公开发布。

3.研究生的招生计划应在学年开始前至少4个月公开发布。

4.招生计划应包括：

(1)高等教育机构的名称和地址；

(2)学习计划的名称；

(3)提供教育学习计划的地点；

(4)学习期限；

(5)录取要求；

(6)招生计划执行的程序和期限。

5.本条第4款第(6)项所述的程序和期限及公开招生方式由高等教育部决定。

第四十一条　录取限制

1.如果申请数量超过承载能力(人员、设施、设备等)，高等教育机构可以限制公共服务教育学习计划的招生人数。

2.在选拔高等职业教育学习计划和大学学习计划的候选人时应考虑中学考试、中等职业考试或中等学校期末考试或在中等学校第 3 年和第 4 年所获的期末考试成绩,同时也应考虑中学考试、中等职业考试或教育学习计划规定的中等学校期末考试的各科成绩。

3.在选拔硕士教育学习计划的候选人时,应考虑第一级教育学习计划结果(平均成绩、学士论文成绩)、教育学习计划规定的选择性考试的结果、特殊才能或体育能力较好的测试成绩。

4.在选拔博士教育学习计划的候选人时,应考虑第二级教育学习计划成绩(平均成绩、硕士论文成绩)、选择性考试的结果、特殊才能或体育特长测试成绩。

5.高等教育机构有义务征得斯洛文尼亚政府关于录取限制的许可,并将其公开。

第四十二条 科研和艺术工作

1.高等院校应组织开展科研和艺术工作以促进专业发展。

2.高等教育机构应当依照高等教育机构理事会通过的教育学习计划提供科研和艺术工作。

三、高等教育国家计划(以下简称"国家计划")

第四十三条 国家计划

高等教育公共服务应当由国家计划确定。

第四十四条 国家计划的内容

1.国家计划包括:

(1)确定高等教育的目标;

(2)确定对国家有重要意义的学习、科研和艺术学习领域;

(3)确定国家发展所需的高等教育活动和高等教育的有效工作;

(4)确定提供高等教育活动的标准;

(5)确定实施国家计划所需的资助框架。

2.国家计划和研究计划应在研究领域规定内保持一致。

第四十五条 国家计划的准备工作

1.国家计划应由国家议会通过。

2.国家计划的草案应当由斯洛文尼亚政府在高等教育委员会与科学技术委员会共同规定的专业基础上进行设计。

3.实施国家计划所需的资金应当从斯洛文尼亚国家预算中分配。

第四十六条 国家计划的实施

1.国家计划应当由高等教育机构、大学联盟机构根据特许权予以实施。

2.研究机构也可与高等教育机构合作实施国家计划。

3.斯洛文尼亚政府应决定学习方案的分配,以便执行国家计划。

第四十七条 授予特许权

1.提供高等教育公共服务的特许权应由斯洛文尼亚政府根据公开招标决定。

2.提供留学生活动住宿等公共服务的特许权,应由高等教育相关部门根据公开招标决定。

3.公开招标应特别说明:特许权的主体、提供公共服务的要求、授予特许权的期限和接受投标的截止日期等。

4.特许权范围应以书面合同形式呈现。

5.应在合同中明确规定以下内容:

(1)提供公共服务的范围;

(2)开始提供公共服务的时间;

(3)取消特许权的时间;

(4)提供的资金数额;

(5)管理和使用从公共资金中获得的资产。

四、斯洛文尼亚高等教育委员会

第四十八条 高等教育委员会的建立

高等教育委员会由斯洛文尼亚政府建立。

第四十九条 高等教育委员会的任务

1.高等教育委员会应完成以下任务:

(1)与高等教育机构和负责高等教育的部门合作,为国家高等教育学习计划的设计做准备;

(2)为斯洛文尼亚政府制定高等教育立法提出建议;

(3)为斯洛文尼亚政府规划高等教育的发展提出建议;

(4)确定高等教育机构和教育学习计划的认证和再认证标准;

(5)确定联合学习计划的设计和认证标准,所确定的标准必须适用于建立欧洲高等教育联盟的原则和国际基本原则;

(6)确定欧洲学分转换系统下学习计划的学分评估标准,同时确定学习计划中选修课的最低比例;

(7)确定调整学习计划的条件;

(8)确定在注册学习计划之前所获知识和技能标准;

(9)为建立或调整高等教育机构的条件提供专业建议;

(10)同意教育学习计划;

(11)至少每7年重复认证一次教育学习计划,主要根据机构自我评估和外部评估报告的结果进行认证;

(12)为高等教育机构授予高等教育教师、科研人员和高等教育人员职称提出建议;

(13)同意高等教育机构对高等教育教师、科研人员和高等教育人员职称的任命；

(14)与外国认证机构及其专家合作；

(15)对本法第七十五条规定提出意见；

(16)按照本法履行其他工作。

2.斯洛文尼亚高等教育委员会应与各专业教育科学技术委员会及公共高等教育机构合作。

第五十条　高等教育委员会的组成

1.斯洛文尼亚高等教育委员会应由高等教育、科技、工业和非商业部门领域的专家、斯洛文尼亚政府和学生代表组成。此外，大学校长、斯洛文尼亚科学与艺术学院主席、高等教育评估局局长也应当是委员会成员。

2.斯洛文尼亚高等教育委员会必须由以上成员组成，以代表所有的学习和科研领域。

3.斯洛文尼亚政府任命委员会主席和至多15名成员，7名成员应当是由高等教育机构提名的高等教育教师和科学家，3名应当是由雇主协会提名的行业代表成员，3名是由斯洛文尼亚学生组织和大学学生会以及独立高等教育机构提名的学生代表，以及3名斯洛文尼亚政府代表。

4.斯洛文尼亚高等教育委员会主席和成员的任期为6年，学生代表的任期为3年。

5.斯洛文尼亚高等教育委员会必须通过正规方式规范其工作方法。

6.如果斯洛文尼亚高等教育委员会的成员在高等教育机构参与认证，则其在委员会相应程序中没有表决权。

第五十一条　高等教育委员会专家

1.斯洛文尼亚高等教育委员会可以组织委员会和专家小组管理认证程序的运行。

2.公立高等教育机构应承担斯洛文尼亚高等教育委员会的专业工作。

四、公立机构

第五十一条(a)　公立高等教育机构

1.斯洛文尼亚应设立开展高等教育发展和咨询工作及高等教育外部评估工作的公立高等教育机构。其章程由斯洛文尼亚政府通过。

2.公立高等教育机构应当做好以下工作：

(1)参与国家高等教育政策设计；

(2)确保监督、评估和保障高等教育质量和外部评估体系的运行；

(3)管理外部评估程序；

(4)根据高等教育评估委员会的建议，任命高等教育机构成员，建立教育学习计划、科研、艺术和专业工作的评估委员会；

(5)与高等教育机构合作，推进开展自我评估；

(6)与境外评估机构合作;
(7)组织外部评估委员会和高等院校自我评估小组的培训;
(8)收集和分析高等教育机构自我评估报告和外部评估报告;
(9)发布外部评估报告;
(10)对斯洛文尼亚高等教育委员会职权范围内的事宜做出决定并奠定专业基础;
(11)承担高等教育领域的发展任务;
(12)进行高等教育活动的统计分析;
(13)管理其章程和提供规章规定的数据;
(14)为高等教育机构、学生、雇主和雇员提供信息;
(15)参与发布教育认证和评估相关意见;
(16)承担法律规定的其他任务。
3.公立高等教育机构要提供管理职业教育的外部评估程序。

第五十一条(b)　公立高等教育机构的部门

公立高等教育机构的部门包括公立高等教育行政委员会和评估委员会。

第五十一条(c)　行政委员会

公立高等教育机构行政委员会成员由斯洛文尼亚政府任命,任期为5年,任期结束后可再次任命。

第五十一条(d)　主任

1.符合下列条件的人员均可被任命为公立高等教育机构主任:
(1)具有博士学位;
(2)具有至少10年工作经验;
(3)具有管理和组织能力;
(4)没有被判处过超过3个月的无条件监禁。
2.任命主任的其他条件和具体程序由公立高等教育机构的章程决定。

第五十一条(e)　公立高等教育机构评估委员会

1.公立高等教育机构评估委员会应承担以下工作:
(1)明确高等教育机构质量监测、评估和保障的标准,明确教育学习计划和科研、艺术、专业工作标准;
(2)明确职业学院、教育学习计划和专业工作的质量监测、评估和保障标准,发布职业学院外部评估、教育学习计划以及职业工作的意见,并撰写相关报告;
(3)根据本法和公立高等教育机构章程履行其他职责。
2.公立高等教育机构评估委员会必须由高等教育和科学技术领域、行会和非商业部门的专家、学生和斯洛文尼亚政府代表组成,具体包括:
(1)6名高等教育机构代表;

（2）1名职业学院代表；

（3）1名雇主代表；

（4）3名高校学生代表；

（5）1名职业学院学生代表；

（6）2名斯洛文尼亚政府代表。

3.高等教育、科技领域的专家代表必须由高等教育机构、研究机构和斯洛文尼亚科学院任命。职业学院代表必须由斯洛文尼亚职业学院委员会任命。雇主代表应由商会和其他雇主协会任命。高等院校学生和其他专业学院学生代表由斯洛文尼亚学生组织与大学和独立高等教育机构的学生会共同任命。

4.大学校长、副校长、院长、副院长、高等学校独立学院校长和高等职业学院校长可以不由公立高等教育机构评估委员会任命。

5.公立高等教育机构评估委员会成员任期为6年，学生代表任期为2年。公立高等教育机构评估委员会主席从委员会成员中选举产生。

6.公立高等教育机构评估委员会应当通过议事规程管理工作。

五、高等教育教师、科研人员和高等教育工作人员

第五十二条 教师

1.高等教育教师包括讲师、助理教授、副教授和全职教授。

2.职业高等教育学习计划的高等教育教师包括讲师和高级讲师。

3.高等教育教师应负责教育、艺术和研究计划。在其工作过程中，要跟进科学发展，并且对科学发展做出贡献，同时推进艺术及所处职业领域的发展。

第五十三条 科研人员

1.科研人员包括科学家、资深科学家和科学顾问。

2.科研人员应承担科研项目。

第五十四条 高等教育工作人员

1.高等教育工作人员应包括助教、图书馆员、专家顾问、高级专业人员、初级人员和教员。

2.高等教育工作人员应负责提供相应的教育、科研和艺术工作。

第五十五条 遴选条件

1.拥有博士学位者可被授予科研人员的职称。如果高等教育教师具有相应的教育技能，科研人员也可在其中遴选。

2.艺术专业高等教育教师的职称可以授予具有业界认可艺术作品的本科学位获得者。

3.高级讲师职称可以授予完成第二级教育学习计划且具有教学技能的人。

4.讲师职称可以授予完成第二级教育学习计划，或授予获得至少240学分的具有教育技能，但仅完成第一级教育学习计划者。

5.高等教育工作人员职称可以授予完成第一级教育学习计划者。

6.除本条第1~5款外,高等教育教师、科研人员和高等教育工作人员应当遵守选举标准规定的其他条件。

7.高等教育教师、科研人员和高等教育工作人员的选举标准由高等院校理事会依法规定。属于大学联盟的高等教育机构标准由大学理事会决定。

8.本条第7款所述标准必须具有国际可比性并公开发布。

第五十六条 遴选程序

1.助理教授、副教授、高级讲师、讲师、研究员、高级研究员由学院、艺术学院或高等职业学院的参议院每5年选举一次。

2.全职教授和科学顾问由大学理事会选举产生,且为终身职称。

3.非大学联盟的高等教育机构的全职教授和科学顾问,由高等教育机构委员会选举产生。

4.高等教育工作人员由学院、艺术学院、高等院校理事会根据相关规定选举产生。

5.在首次评定职称或选举之前,大学联盟理事会应获得大学理事会的同意。非大学成员的高等教育机构的理事会应获得斯洛文尼亚高等教育委员会授予的选举权。

6.退休高等教育教师、科学人员和高等教育工作人员应保留退休时所有的职称。

第五十七条 具体选举程序

高等教育教师、科研人员和高等教育工作人员的选举程序,应遵循本法和选举标准,具体标准由高等教育机构规定。

第五十八条 撤销职称

如果高等教育的教师、科研人员或高等教育工作人员未能遵守科学和教学义务,或者未能遵守相应选举条件,负责选举的理事会应当启动撤销职称的程序。职称评定程序的规定适用于撤销职称的程序。高等教育教师、科研人员和高等教育工作人员有权对自身情况进行相应解释。

第五十九条 权利的司法保护

高等教育教师、科研人员和高等教育工作人员可以针对选举或撤销职称的程序的决定进行申诉。

第六十条 公开

高等教育教师、科研人员和高等教育工作人员岗位应按照高等教育机构规定的时间和方式进行公告。

第六十一条 私立高等教育教师

1.高等教育机构可委托个人或学科组织提供私立高校教师。

2.私立高等教育教师应具有高等教育教师职称,并在私立高校教师登记簿中登记。

3.高等教育部应规定注册登记的手续。

第六十二条　高等教育访问学者

高等教育机构可以邀请优秀的教师、科学家、专家和艺术家定期参与一门或几门学科领域访问深造,而不必考虑职称条件。

第六十三条　工作和教学义务

1.高等教育提供的作为公共服务的教育学习计划中教学义务服务时间为:

(1)副教授和全职教授每周 6 小时;

(2)高级讲师和讲师每周 9 小时;

(3)助教每周 10 小时。

2.每周教学形式由大学校长或独立高等教育机构的院长根据特定规则确定,同时应争得高等教育部的同意。

3.如果本条第 2 款规定的每周教学义务不能满足教育学习计划要求,那么高等教育机构的主管部门可向高等教育教师或员工分配额外任务:

(1)副教授和全职教授 2 小时;

(2)高级讲师和讲师 3 小时;

(3)助教 4 小时。

4.大学校长或独立高等教育机构院长应当根据相应规定确定每周教学义务,并且规定高等教育工作人员每周额外的教学义务时间不能超过 4 小时。

5.降低直接教学义务的指标应由大学校长和独立高等教育机构院长确定,通过协调递交工会,并且应征得高等教育部的同意。

6.助教、讲师、高级讲师副教授、教授,以及其他高等教育职员,如果资金能够得到保证,可以为同一雇主从事额外的教学、科研、艺术或专业工作,但不得超过每周工作时间的 20%。

第六十四条　学术休假

1.在 6 年的工作时间内,高等教育教师有权享受在研究领域进行为期 1 年的学术休假。

2.如教师的教学任务需要重新分配,则增加的教学时间不得超过原教学时间的三分之一。

六、学生

第六十五条　学生

1.学生是指在高等教育机构注册,并正在接受本科或研究生教育学习计划的人。

2.学生身份通过学生证进行证明。

第六十六条　学生的权利和义务

1.学生有权按照相关法律、章程和教育学习计划规定的平等条件入学。其权利和义务包括:

（1）按照正常进度学习，并完成其学业；

（2）在学期间，因不满其之前选择的教育学习计划，可在学习期间重修一年或转到其他教育学习计划中；

（3）学生可以参与多个研究项目，或参加一所或多所高等教育机构提供的跨学科或个人学习项目学习；

（4）学生可在教育学习计划预计时间内提前完成学业。

2.高等教育机构章程规定的具体规则和程序涉及以下具体内容：

（1）学术日历；

（2）报名程序；

（3）考试制度；

（4）完成学习的时间；

（5）改变学习计划的条件；

（6）重修和升学条件；

（7）学业中断后继续学习的条件；

（8）平行专业、跨学科和个人研究的要求；

（9）考试认证。

3.高等教育机构章程还应规定下列事项：

（1）根据本法第八十一条记录学生基本档案的文件类型；

（2）保护学生权利的程序；

（3）负责管理程序和进行决策的机构；

（4）纪律处分和学生在纪律处分程序中的权利和责任；

（5）其他与学生有关的权利和责任。

第六十七条 学生参与管理

1.学生有权作为代表依照本法和高等教育机构章程的规定参与高等教育机构的工作和管理。

2.高等教育机构的相关会议应邀请学生会代表参加。

第六十八条 学生组织

学生有自由组成学生社团的权利。行使相应权利时应遵守法律规定。

第六十九条 学生的其他权利及福利

1.没有全职工作的全日制或非全日制学生，均有权享有医疗保险、食物、运输、补助金等福利。

2.学生如果是斯洛文尼亚公民，可以住在学生宿舍，也可以租住在其他法定机构；其他国家公民在特殊规定条件下也享有同样权利。

3.斯洛文尼亚公民和非斯洛文尼亚公民身份的学生，都有权享有公共交通补贴。

第七十条　撤销学生身份

1.学生出现以下情况时将撤销其学生身份：

(1)毕业；

(2)在最后一学期结束后的12个月内未能毕业；

(3)未能在下一学年或下一学期入学；

(4)被开除；

(5)完成研究生学业；

(6)未能在高等教育机构章程规定的时间内完成研究生学业。

2.在本条第1款的第(2)(3)(6)项的规定中,学生可依据正当理由将学生身份延长,时间不超过一年。

3.上学期间,怀孕、生育的学生可将学生身份延长一年。

第七十一条　权利的司法保护

高等教育机构可对学生身份的获取或撤销做出最终决定,解决行政纠纷。

七、资金

第七十二条　资金来源

高等教育机构应从斯洛文尼亚预算、学费、服务费、遗赠、捐赠和其他来源获得资金支持。所得资金应按需求使用。

第七十三条　公立高等教育机构资金

1.由斯洛文尼亚成立的大学(以下简称"大学")和独立高等教育机构应获得以下方面的资金支持：

(1)教学及相关科学研究、艺术和专业活动；

(2)大学学生会年度计划规定的与学生学习相关的活动和大学体育活动；

(3)高校的投资及维护事务；

(4)高等教育相关部门规定的有利于学校发展的事务。

2.用于学习活动的资金应在国家预算中规定为大学或独立高等教育机构联合资金,资金应考虑学习领域的入学人数以及第一级和第二级全日制教育学习计划毕业生数。

3.无论本条第2款如何规定,国家预算应为至少三分之一的学生提供资助,同时需要考虑到学生的社会地位、学习领域的优先事项和紧缺程度以及各地区的平等性。

4.国家预算还应为所有弱势阶层的学生提供适当的资助。

5.第三级教育学习计划的学习资金也可由国家预算共同出资。高等教育资金的具体规定应按照本法第七十五条的国家计划标准规定。

6.课外活动资金应由高等教育部年度预算确定,并考虑到入学人数和人均费用。

7. 大学和独立高等教育机构应当在国家制定预算期间向高等教育部提交财政年度计划。

第七十三条(a)　私立高等教育机构的资金

1. 斯洛文尼亚应为获得特许权的私立高等教育机构划拨用于学习和课外活动的资金。

2. 斯洛文尼亚可为本条第 1 款所提及的私立高等教育机构发展任务提供所需的资金，并且为以公开招标形式提供认证学习计划的私立高等教育机构提供资金。

第七十三条(b)　学生住宿补贴

1. 斯洛文尼亚应当向公共和私人机构以及其他承担学生住宿的法律实体和个人房屋主提供学生住宿补贴。

2. 斯洛文尼亚公民的住宿补贴应当考虑学生的学习成绩、物质条件、居住地与学习地点的距离、社会环境和健康条件等。

3. 本条第 1、2 款补贴的详细规定由高等教育部规定。

第七十三条(c)　学生交通津贴

1. 斯洛文尼亚应根据社会发展情况，为居住在距离学校 5 千米以外（包括 5 千米）的学生提供不超过全价票 70％ 的车票补贴。

2. 高等教育部应发布本条第 1 款所提及的交通补贴的程序和标准规章制度。

第七十四条　其他资金

以下方面的资金应由国家预算提供：

(1) 公立高等教育机构学生宿舍的投资和设备维护；

(2) 卢布尔雅那大学中央技术图书馆的运行；

(3) 斯洛文尼亚高等教育委员会的运行；

(4) 高等教育机构的运行；

(5) 为非斯洛文尼亚公民身份的公民和斯洛文尼亚公民提供的学习资助；

(6) 促进斯洛文尼亚语的发展。

第七十五条　特别规定

本法第七十三条和第七十三条(a)规定的资金应由斯洛文尼亚政府通过的特别条例予以详细规定。

第七十六条　高等教育基金会

1. 作为法律实体的高等教育机构可以设立管理资产的基金会。

2. 基金会的运行应由行政董事会负责管理。

3. 根据大学章程对董事会成员数、董事会构成、董事会成员的任期以及基金运行进行规定。

第七十七条　学费

1.高等教育机构的收入包括学费和其他认证教育学习计划的收入。

2.本条第1款提及的规定也可以规定高等教育机构其他个人服务的收入。

3.除非高等教育国家计划另有规定,斯洛文尼亚公民和欧盟成员国公民接受公共服务性质的本科认证教育学习计划教育可以不收取学费。

第七十八条　盈余资金的分配

盈余资金用于高等教育活动的实施和发展。

八、监督

第七十九条　监督

高等教育职能部门根据规定负责监督高等教育活动绩效和高等教育工作的合法性。

第八十条　质量评估

1.高等教育机构科研、艺术和专业工作的质量应由高等教育机构进行评估(以下简称"自我评估")和由高等教育评估理事会进行评估(以下简称"外部评估")。

2.自我评估和外部评估报告的结论必须考虑到高等教育和教育学习计划的再评估。

3.根据高等教育评估理事会的结论,高等教育部应确定高等教育机构完善工作的时间期限。如果在此期限内未能达到要求,则开启本法第十四条、第三十二条所述的重新认证程序。

九、收集和保护个人信息

第八十一条　包括学生个人信息的记录清单

1.高等教育机构应保存以下学生资料:

(1)学生入学和注册记录;

(2)每个学生从入学到完成学业或退学的个人档案;

(3)考试记录、考试注册记录、考试程序和成绩记录;

(4)完成本科和研究生课程的学习记录。

2.本条第1款第(1)、(2)和(4)项的记录应包括学生的姓名、性别、出生日期、出生地、国籍、永久和临时居住地、公民身份、以前的教育情况等信息,第(2)项的记录还应包括通过考试、升学和完成学业的信息。

3.本条第1款第(3)项提及的记录包括学生姓名、性别、学历、学习方式、入学年限、入学年份、考试时间、是否是第一次或多次考试、学习成绩等。

第八十一条(a)　含有员工个人信息的记录清单

1.高等教育机构应当保留以下关于员工个人资料的记录:

(1)员工记录;

(2)工资记录。

2. 员工记录应包括每一名在劳动关系内的员工信息,包括员工初次签订劳动关系到劳动终止关系期内的信息。

3. 工资记录应包括签订劳动关系之日起到劳动关系终止时的工资信息。

4. 本条第1款的第(1)项和第(2)项所述记录的内容包括员工的姓名、性别、出生日期、永久和临时居住地以及其他工作地点、税号、职业、教育情况、工作或任务的专业培训、高等教育教师或高等教育工作人员的职称,理事会任命委员会职务的决议,委员会报告,理事会同意书,选举的决议,选举时间,工作岗位,工作描述和任务责任,每周工作时间,临时/永久雇员、兼职员工、残疾人或退休人员,其他雇主姓名,签订劳动关系的日期,雇主同意书,解除劳动关系的时间及其原因。

5. 本条第1款、第2款所述记录的还包括员工工作时间、每周教学义务、每月工作小时数、年假及其使用时间、职业教育培训缺勤情况、由于临时丧失工作能力而收到的工资补偿、加班时间、工作和保险期限、签订劳动合同的意向书、确定薪金或工资的数据等。

第八十二条 学生个人资料的使用

1. 本法第八十一条(a)收集、处理、储存的学生个人数据纪录必须满足高等教育机构的相关活动要求,满足国家机构、地方社区机构以及与学生权利相关的学生组织的要求。

2. 如果不明显涉及学生个人信息,统计分析结果可以使用出版。

第八十二条(a) 员工个人资料的使用

本法第八十一条(a)收集、处理、储存的员工的个人数据纪录必须满足高等教育机构的相关活动要求,满足与国家公共部门薪酬系统相关的公共机构对员工个人健康的要求。

第八十三条 记录的存储

本法第八十一条和第八十一条(a)提及的记录应当按照特别规定永久保存。学生登记注册的记录除外,该记录在注册完成后将不必保存。

第八十四条 档案

本法有关管理、使用和保存档案的规定也适用于个人基础信息相关文件。在大学以前接受教育的相关文件,在报名完成后应退还给学生。

十、过渡和最后条款

第八十五条 创始人的变更

1. 自本法生效之日起,斯洛文尼亚将成为卢布尔雅那大学和马里博尔大学的创始人。

2. 自本法生效之日起,卢布尔雅那大学和马里博尔大学附属学院、艺术学院和高等学院分别成为卢布尔雅那大学和马里博尔大学的成员。

第八十六条　大学转型

国家议会应在本法生效的 2 年内通过大学转型法案。在此法生效时,除非大学转型法另有规定,否则大学章程不再适用。

第八十七条　部门

根据本法通过高等教育机构选举新部门之前,现行章程规定的部门应继续运行。

第八十八条　调整大学章程和教育学习计划

1. 大学章程在通过前,如现有章程不违反本法,则应继续使用现有章程。
2. 根据本法转型的高等教育机构应在本法通过的 6 个月内结合本法进行章程调整。
3. 本条第 2 款所述章程由高等教育机构委员会投票决定,且获得多数票才能通过。
4. 高等教育机构应在本法生效后 2 年内根据本法对其教育学习计划进行修改。
5. 本条第 4 款所述的教育学习计划中注册的学生可以根据要求完成学业。

第八十九条　资产

自本法生效之日起,用于高等教育活动的资产将由大学进行管理。

第九十条　更名

不符合本法第十八条规定的机构和组织名称应在本法生效 1 年内修改或更换名称。

第九十一条　文凭介绍

1. 本法第三十八条的规定应在 1994—1995 学年完成中等教育课程方可生效。
2. 本法生效前,1995 年 6 月 1 日前完成中等教育者可进入高等教育机构学习。

第九十二条　招生录取

本法规定发布前,招生规则和指导招生录取的规定详见官方公报第 9/91、第 7/92 号和第 11/93 号。

第九十三条　公共服务的临时资金

见斯洛文尼亚官方公报 RS 99-4695/1999。

第九十四条　斯洛文尼亚高等教育委员会和质量委员会的成立时间

1. 斯洛文尼亚高等教育委员会应在本法生效后 6 个月内成立。
2. 斯洛文尼亚高等教育质量委员会应在本法生效后 1 年内成立。

第九十五条　职称的有效性

1. 本法生效前已经获得职称的高等教育教师、科研人员和工作人员应保留其职称直至期满。
2. 本法生效前已经获得职称的退休高等教育教师、科研人员和工作人员有权继续使用其职称。

第九十六条　通过标准的时间

见斯洛文尼亚官方公报 RS 99-4695/1999。

第九十七条　通过实施条例的时间

高等教育部应在本法生效后 6 个月内发布本法第十六条、第四十条、第六十一条、第六十六条、第七十七条的规定。

第九十八条　档案的统一管理

高等教育机构应在本法生效后 6 个月内对学生的个人档案进行统一管理和保护。

第九十九条　终止《高等教育指导教育法》

在本法生效之日，关于《高等教育指导教育法》的相关规定将不再适用。

第一百条　法案生效

本法将在斯洛文尼亚官方公报公布后第 15 日起生效。

波　　黑

波黑，全称波斯尼亚和黑塞哥维那，位于巴尔干半岛中西部。南、西、北三面与克罗地亚毗连，东与塞尔维亚、黑山为邻。大部分地区位于迪纳拉高原和萨瓦河流域。南部极少部分濒临亚得里亚海，海岸线长约21.2千米。南部属地中海式气候，北部属温带大陆性气候。波黑国土面积5.12万平方千米，人口为353万(2013年)。主要民族为：波什尼亚克族，约占总人口50.1%；塞尔维亚族，约占总人口30.8%；克罗地亚族，约占总人口15.4%。三族分别信奉伊斯兰教、东正教和天主教。官方语言为波斯尼亚语、塞尔维亚语和克罗地亚语。

波什尼亚克族、塞尔维亚族和克罗地亚族三个民族为主体民族；波黑由波黑联邦和塞族共和国两个实体组成；波黑设三人主席团，由三个主体民族代表各1人组成，主席团成员分别由两个实体直接选举产生。议会由代表院和民族院组成，任期4年。政府称部长会议，由部长会议主席和部长组成，任期4年。黑由波黑联邦和塞族共和国两个实体组成。波黑联邦下设10个州，塞族共和国下设8个市和56个区。1999年，设立布尔奇科特区，直属国家。

波黑教育体制符合国际教育体制标准。2018—2019学年度，波黑共有28 511名儿童就读于359所学前教育机构；小学1 803所，学生280 018人，教师24 175人；中学313所，学生117 475人，教师12 551人；高校49所，大学生87 696人，其中全日制学生75 952人。2018年，波黑毕业的本科学生有14 220人。主要大学有萨拉热窝大学、巴尼亚卢卡大学、莫斯塔尔大学和图兹拉大学等。

注：以上资料数据参考依据为中国外交部官方网站波黑国家概况(2020年10月更新)。

波黑学前教育法律框架

第一部分 简 介

第一条 法律内容

1.《波黑学前教育法律框架》应对以下内容进行规范:学前教育核心课程的原则、目标和标准,以及职业管理标准、经费、监督和其他与组织建立学前教育机构相关的问题。

2.明确法律规定的原则、目标和标准。

第二条 学前教育的功能

1.学前教育是波黑教育系统的组成部分,是教育系统的初级和特殊阶段。

2.学前教育的内涵应扩展为教养、教育、关怀和保护。

第三条 教育机构的主要任务

根据波黑宪法、州法和实体法,各学前教育机构负责布尔奇科特区、波黑联邦各州的学前教育活动,经注册的教育机构必须实施并遵守本法各项规定,为所有儿童提供平等的教育。

第一章 学前教育的原则和目标

一、基本原则和目标

第四条 发展原则

波黑学前教育的发展原则包括:

(1)以人为本发展原则;

(2)专业自主原则;

(3)民主原则。

第五条 儿童的发展水平评估

基于人文主义的教育关怀,我们需应用关于儿童发展和儿童权利的现代理论成果,评估每一个儿童的发展水平、天赋和特殊需求。

第六条 禁止歧视

1.每一个儿童都应在不受任何歧视的基础上,享有平等接受教育的机会。

2.机会平等意味着为所有儿童提供平等接受教育的机会。

二、提供儿童基本权利的原则和目标

第七条 儿童利益最大化

1. 儿童拥有优先接受照顾和教育的权利,应注意保护儿童身心安全和健康。
2. 在与儿童利益发生冲突时,应优先考虑儿童的权利,坚持儿童利益最大化原则。

第八条 树立儿童的个人价值观

教育儿童,让他们能够理解和接受正确的价值观,并基于波黑人民的历史、文化、宗教传统建立个人的价值观。

第九条 实现儿童全面发展

学前教育的总体目标是实现学龄前儿童的全面发展,让儿童获得平等的受教育机会,使他们能够获得优质、专业的校内与校外的学前教育。

第十条 话语权

每一位居住在波黑境内的公民,其语言和文化都应受到尊重,学前教育机构也应遵守波黑宪法、《欧洲保护人权与基本自由公约》和《保护波黑少数民族传统和儿童权利公约》。

第十一条 宗教自由

学前教育机构应根据本法第十条的规定,发展、促进、尊重民族和宗教的自由、习俗、文化、语言。

第十二条 有特殊需要儿童的培养方案

1. 学前机构应为有特殊需要的儿童配备特殊的培养方案,并针对不同儿童的特殊需要配备适合其个人的培养方案。
2. 培养方案应根据有特殊需要儿童的需求进行配备。

第十三条 父母和儿童的择校权

1. 家长有权为子女选择公立或私立学前教育机构。
2. 父母有权利和义务,在儿童在学前教育机构接受照顾和教育的各个环节中,通过与学前教育机构的代表或家长协会沟通,实现其子女的全面发展。

第二章 学前教育机构的职能

第十四条 职能

学前教育机构的职能包括:
(1)为儿童创造获得全面发展的条件;
(2)为父母保护和培养儿童健康成长提供帮助;
(3)作为家庭教育的补充;
(4)为社会带来幸福和发展。

第十五条　教育职能的标准

公立和私立学前机构应当按照教育机构规定的核心课程要求履行其教育职能,在设备、教学、健康、美学等方面制定标准。

第十六条　儿童义务教育的年龄

1.所有儿童都必须在就读小学前一年接受学前教育。

2.资金、课程以及学前教育的条件、方式应由主管教育的机构通过相关法律予以规定。

第十七条　招生

1.根据本法和《教育机构法》以及其他学前教育机构规定,儿童应当在招生当年完成入学。

2.公立和私立学前教育机构不得歧视任何学生,应确保所有儿童享受有公平的入学机会。

第二部分　学前教育机构

第一章　学前教育机构的建立

第十八条　公立和私立学前教育机构

1.学前教育机构分为公立和私立学前教育机构。

2.公立学前教育机构应由教育主管机构根据法律规定的原则、标准和规范,以及学前教育法的相关标准批准建立。

3.私立学前教育机构可以由国内或国际法人按照本法和《学前教育法》的其他标准建立。

第十九条　托儿所和幼儿园

托儿所应为6个月至3岁的儿童提供学前教育,幼儿园应当为3岁至学龄前儿童提供学前教育。

第二十条　组建特殊学前教育机构

如果学前教育机构不能满足学龄前儿童的特殊需求,那么特殊学前教育机构可以部分或全部地为这些儿童提供教育。

第二章　组织

一、核心课程

第二十一条　核心课程的开发

1.波黑所有的公立或私立学前教育机构都应制订共同的核心课程综合改革方案。

2.核心课程应当：

(1)确保所有儿童都能够接受优质的学前教育，并获得足够的知识、技能和能力；

(2)确保波黑所有学前教育机构拥有高质量的教学；

(3)确保学前教育能够适应学龄前儿童发展的需要；

(4)通过教育积极培育儿童的国家归属感；

(5)确保方案能够适应学前教育机构和当地社区的特殊需求；

(6)确保学前教育机构的自由活动和机会平等。

第二十二条 起草核心课程综合改革方案的机构

1.核心课程综合改革方案应由特定的临时机构负责起草，临时机构成员应当由波黑联邦各州和布尔奇科特区的教育部任命，此外，应有一名成员由波黑民政部任命。

2.本条第1款所述的临时机构所制订的核心课程综合改革方案的协议需经过波黑联邦各州的教育部和布尔奇科特区代表审议通过。

第二十三条 计划项目类型

波黑学前教育机构应施行下列计划项目：

(1)整体发展的计划项目；

(2)专门发展的计划项目；

(3)紧急性、补偿性和改造性的计划项目；

(4)提升父母技能的计划项目；

(5)学前儿童的计划项目；

(6)波黑侨居公民的儿童培养计划项目。

第二十四条 计划项目的目标和内容

1.学前机构应为学龄前儿童提供教育计划项目，以实现儿童的全面发展。

2.本条第1款所规定的教育计划项目，应规定教育目标、任务、内容、类型、计划和实施此计划项目人员的教育背景。

二、标准与规范

第二十五条 学前教育机构的标准与规范

1.公立和私立学前机构的学前教育应根据学前教育标准和规范实施。

2.主管教育机构应明确并采用学前教育的标准和规范。

3.学前教育的标准和规范应在波黑所有学前教育机构中统一执行。

第二十六条 核心课程的标准与规范的实施

1.依法建立的教育机构应统一实施核心课程的标准与规范。

2.公立和私立学前教育机构依据本法在核心课程的框架下拥有自主权。

三、报告与监督

第二十七条　年度工作计划及活动报告

1. 学前教育机构应制订年度工作计划。

2. 在专家委员会的提议下,年度工作计划应由学前教育机构董事会通过并于每年9月底之前将年度工作计划提交给教育主管机构或机构创建者。

3. 上一学年活动报告的上报程序与年度工作计划的上报程序相同,并于每年9月底之前将报告提交给相关机构进行审查。

第二十八条　标准与规范的监控

教育主管机构应负责选派专家监督公立和私立学前教育机构的活动以提高其教学质量,并确保所有学前教育机构按照规范运行。

第三部分　专业标准

第一章　教育工作者

第二十九条　专家概况

1. 学前教育工作者的工作内容由共同核心课程规定,并进行全面规范。

2. 公立和私立学前教育的不同计划项目应由拥有大学学历的教育工作者、专家(教师、专业教育者、语言治疗师、心理学家、医生、社会工作者)实施。

3. 只有拥有大学学历、医学学历或两年制专科学历的人员才能从事6个月至学龄前儿童的教育工作。

第三十条　助理及志愿者

拥有本科学历、医学学历或两年制专科历的人员可参与教育计划项目的实施。

第三十一条　参加教师资格考试

1. 首次参与实施学前教育的教育者、专家和工作人员应在工作一年后到第二年工作之前参加国家举办的教师资格考试。

2. 教育主管机构应通过独立的规章制度对国家教师资格考试进行规范。

第二章　专家机构

第三十二条　专家机构

专家委员会和专业组织是学前教育机构的专家机构。

第三十三条　专家委员会

1. 专家委员会由学前教育机构雇用的符合要求的人员构成,并履行以下职责:

(1)监督和分析学前教育计划的组织和实施；
(2)制订教育者培训计划；
(3)制订年度工作计划；
(4)为专家机构、委员会、董事会和专业团体的活动报告提供建议；
(5)组建、监督并分析专家机构、委员会、董事会和专业团体的活动；
(6)委派委员会代表；
(7)为家长和社区提供建议。
2.专家委员会应由学前教育机构的负责人领导。

第三十四条　专业组织

1.专业组织应由教育实施过程中不同阶段的专家构成。
2.专业组织应当履行以下职责：
(1)协调专业团体的活动；
(2)帮助相关团体实施计划；
(3)监管儿童的发展和活动，并为儿童的发展提供建议。

第四部分　学前教育机构的管理

第一章　法律和管理细则

第三十五条　管理过程

1.学前教育机构作为波黑教育系统中的一部分，其创立、组织和管理权限需依据学前教育法律及其他相关法案执行。
2.本条第1款所述的相关法规应用于规范和管理学前教育机构与机构创建者的关系、机构与社区的关系，以及与有效管理学前教育相关的问题。

第二章　管理机构

第三十六条　董事会

1.公立学前教育机构的管理主体是董事会。
2.董事会成员应在创始人代表、家长委员会、学前教育机构专业工作人员互相平等的基础上，根据教育主管部门和学前教育机构规定，以法定程序公开选举产生。
3.职位空缺后由创始人任命的委员会公布任命，委员会应由创始人、家长委员会和学前教育机构代表组成。
4.本条第3款涉及的委员会成员由委员会机构提名产生。
5.董事会的构成应当反映家长、员工、创建者的身份结构，构成比例应基于1991年波黑的人口普查数据。

6.董事会应负责学前教育机构政策的制定和实施、学前教育机构的日常管理以及人力资源的有效利用。

第三十七条　校长

1.学前教育机构的校长应由董事会依据波黑的相关法律法规以及学前教育机构法案的程序进行任命。

2.学前教育机构校长应具有学前教育、教育学、特殊教育学或心理学的学士学位。学前教育机构的校长也可以是受大众认可的学前教育机构的教师。

3.校长负责管理学前教育机构的活动计划及实施。

4.私立学前教育机构的校长由创始人任命。

第三十八条　家长委员会

1.家长有权建立家长委员会,同时学前教育机构有义务协助家长建立家长委员会。家长委员会的成员应当由家长选举产生。

2.家长委员会设立的方式和程序以及委员会的活动应当遵循学前教育法。

3.家长委员会应：

(1)促进学前教育机构在当地社区的积极发展；

(2)向学前教育机构董事会传达家长的意见；

(3)鼓励家长参与学前教育机构组织的活动；

(4)根据董事会要求,将学前教育机构教育活动的相关问题上报董事会；

(5)提名家长代表参加董事会。

第五部分　档案和文件

第三十九条　保存档案和文件的义务

1.学前教育机构有义务依照法律法规保存必要的教学文件和记录,保存法律和法律行为记录以及法律预见的重要教学文件和记录。

2.学前教育机构有义务保存以下方面的档案：

(1)有关学前教育机构儿童的信息；

(2)儿童成长进步的过程；

(3)通过父母、创始人和捐赠者筹集的资金；

(4)儿童的特殊需求；

(5)抚养儿童的过程。

3.本条第2款提及的文件和记录应单独制定规定并进行保存。

第六部分 资金

第四十条 由创始人提供的资金

1.学前教育机构的创始人应根据学前教育的标准和规范,为学前教育计划项目的建立和实施提供资金。

2.创始人应负责:

(1)雇员的工资、餐饮和福利;

(2)固定资产开销;

(3)基础设备和教学设施的采购;

(4)学前教育活动经费;

(5)设备维护经费;

(6)儿童游戏玩具和基础教学材料经费。

第四十一条 其他资金来源

除学前教育的义务外,学前教育计划的资金应由以下方式提供:

(1)学龄前儿童父母的捐赠;

(2)社会人员的捐赠。

第四十二条 使用者的参与费用

实施短期和特殊工作计划的资金以及儿童营养所需的开销应当由使用者提供。

第四十三条 教育主管机构的责任

教育主管机构应提供:

(1)教育材料经费;

(2)学前教育机构员工的职业培训;

(3)开展学前教育活动计划;

(4)评估学前教育活动计划;

(5)筹集特定活动计划的资金;

(6)公开机构活动信息;

(7)在开展学前教育机构活动前设定条件。

第四十四条 社会福利机构的义务

根据波黑联邦和布尔奇科特区的相关法律,社会福利机构应共同资助以下儿童:

(1)没有父母照顾的儿童;

(2)有特殊需要的儿童;

(3)残疾儿童;

(4)战争受害儿童;

(5)失业人员的子女；
(6)单亲家庭的子女；
(7)接受社会福利的儿童；
(8)接受全日制教育的儿童。

第四十五条　健康保育

依据本法,医疗健康保育机构应为学龄前儿童及其健康保育人员提供：
(1)保育预防方案和保护儿童健康的经费；
(2)医生、专业教师、牙医和护士的工资；
(3)托儿所的日常用品；
(4)医务人员和专业教师的专业培训；
(5)所有员工的卫生检查；
(6)儿童入院前的体检。

第四十六条　资金的其他用途

创建者应为学前教育发展提供资金,为学前教育机构、医院部门、有特殊需要儿童的部门提供资金,为少数民族提供水、电、暖气、邮政、广播、电视等家庭费用补贴。

第四十七条　看护儿童资金

国家应为有看护儿童职能的学前教育机构提供同等资金。

第七部分　法律的执行与监督

第四十八条　执行与监督的责任

1.本法的实施应由波黑民政部监督。
2.教育主管机构负责本法的执行,标准和规范的运用以及活动计划的实施。
3.学前教育机构的合法性和工作条件应由教育领域授权的检查员进行检查。

第八部分　权利保护

第四十九条　举报违法行为

如果在提交举报报告之日起30日内未做出正式裁决,或当事人对裁决决定不满意,可向上级授权部门上诉,上级部门需在上诉后30日内做出裁决。

第五十条　采取惩罚措施

1.学前教育机构、授权教育考察或教育行政部门可以对违法人采取惩罚措施。
2.如无法确认犯罪行为,学前教育机构、教育行政部门应通知有关机构介入调查。

第九部分 过渡条款和最终条款

第五十一条 法律的强制性生效

本法生效6个月后,波黑联邦各州和布尔奇科特区所出台的相关法律应与本法内容保持一致。

第五十二条 其他法规的强制性生效

教育主管机构应在本法生效后60日内,通过:

(1)学前教育的标准和规范;

(2)学前教育机构的资助标准;

(3)注册条件、内容和方式等的程序规定;

(4)档案和文件保存的相关规定;

(5)医务人员、教育工作者和学前教育雇用的专业人员的培训规定;

(6)监督程序的相关规定。

第五十三条 保育教育计划项目的上报截止日期

1.教育主管机构应在本法生效之日起60日内遵循本法上报学前教育计划以及起草学前教育机构年度计划。

2.本条规定同样适用于私立学前教育机构。

第五十四条 设立专业标准的过渡期

1.法律生效后,从事学前教育的工作人员应具有学前教育专业领域的本科学位。

2.具有20年以上工作经验和2年大专学历或中专学历的教育工作者可以继续从事学前教育工作直至退休。

3.主管教育机构需在过渡期内依据本法调整学历不符合要求的工作人员。

第五十五条 生效

本法自波黑公报公布之日起生效。

波黑高等教育法

第一部分　导论

一、总目标

第一条

《波黑高等教育法》是波黑高等教育机构组织和管理的依据，是波黑高等教育机构执法、履行国际义务、提升高等教育质量的根本参照。

第二条

为深化高等教育改革，《波黑高等教育法》确立了波黑高等教育的基本原则和标准。《波黑高等教育法》充分借鉴了《欧洲保护人权和基本自由公约》中第（ETS，No. 5，1950）号规定及协议、欧洲民办高等教育质量认证与评估第[R(97)1]号条例、高等教育入学机会第[R(98)3]号条例、高校科研工作第[R(2000)8]号条例、欧洲委员会/教科文组织发布的《欧洲地区高等教育质量认证公约》第（ETS No. 165，1997）号条例以及其他国际公认的相关法律文书。如《博洛尼亚宣言》(1999)所述，波黑认同欧洲高等教育的整体战略目标并将持续推进高等教育建设。

二、高等教育的目标与意义

第三条

高等教育的目标包含以下方面：

（1）通过教学和科研工作实现知识、技能的生产、发展、保存与传播，从而促进个人与社会的发展；

（2）为公民提供终身接受高等教育的机会。

第四条

1.根据本法，高等教育指中学后教育，与国际公认的高等教育概念一致。

2.高等教育应遵从以下原则：

（1）学术自由、学术自治与大学自治；

（2）大学对公民和地方开放；

（3）教学与科研都是具有创造性的学术工作，两者不可分割；

（4）波黑认同欧洲的人文与民主价值观，并保持与欧洲高等教育系统相一致；

(5)尊重人权和公民自由权,禁止任何形式的歧视;

(6)终身教育理念;

(7)增加与社会的互动,提高学生以及其他学术人员的公共责任感。

三、高等教育学位阶段与欧洲学分转换系统

第五条

1.波黑高等教育分为三个学位阶段:

(1)第一个阶段是完成本科阶段的学习,或是在高中后完成3~4年的常规学习。这一阶段评估总分至少达到180学分,等同于欧洲学分转换系统的240学分;

(2)第二个阶段是完成硕士阶段的学习,或者是在本科阶段后完成1~2年的学习。这一阶段的评估总分为60~120学分,加上第一阶段可达到300学分;

(3)第三个阶段是完成博士阶段的学习或3年同学位阶段的学习,该阶段的评估总分为180学分。

2.每一个学位阶段的每一个学期为欧洲学分转换系统的30学分。

3.医学的本科学分计算方式是例外,为欧洲学分转换系统的360学分。

四、学位权利及其效用

第六条

1.学生完成第一个阶段学习后,将会被授予学士学位,即根据《学术职称使用规则》和《科学专家学位获得规则》要求,可在特定领域行使专家职能。

2.学生在完成第二个阶段学习后将会被授予硕士学位,即根据《学术职称使用规则》和《科学专家学位获得规则》要求,可在特定领域行使专家职能。

3.学生在完成第三个阶段学习后将会被授予博士学位,即根据《学术职称使用规则》和《科学专家学位获得规则》要求,达到了科学专家级别,能够成为一定领域内的专家。

4.依据本法,波黑不授予除以上三种学位之外的其他学位。

第二部分 高等教育机构

一、高等教育入学机会

第七条

1.所有在波黑完成四年中学学习的学生依法享有接受高等教育的权利。

2.波黑高等教育入学机会不应受到任何直接或间接的条件限制,例如:性别、性取向、身体状况、婚姻状况、肤色、语言、宗教、政治信仰、种族、部落、财富水平、年龄及其他任何状况。

第八条

1.在国外完成高中学习的学生需提交学业证明、毕业证书或相关文凭,在评估其学业水平时应遵循《欧洲地区高等教育资格认定公约》的原则,充分参照国际质量认定的标准及流程。

2.根据本条第1款,只有当国外学生的学位证书或文凭表明其教育程度与波黑相符时,方能授予其申请波黑大学的权利并参与相应大学的入学考试。

第九条

波黑高等教育分为全日制、非全日制(在职)和远程学习三种学制,各高等教育机构也可参照本法将三种学制进行整合。

二、高等教育机构

第十条

1.波黑高等教育机构包括大学和高等学校。

2.大学指:

(1)仅限涉及教学和科研工作的高等教育机构,具有学士、硕士、博士三个学位的全部授予权,办学目标包括波黑教育系统知识和思想的更新和完善,以波黑教育、文化、社会、经济发展为己任,通过最高标准的教学和科研以促进公民民主社会的建立和发展;

(2)作为高等教育机构的一种,大学要至少涉及自然科学、工程科学、健康和生物医学、生物工程科学、社会科学、人文科学中三个科学领域,实施至少五项不同的研究项目。

3.高等学校指:

(1)仅能开展本科教育,授予学士学位的高等教育机构,办学目标包括培训专家、发展波黑的经济和文化、促进公民民主社会发展、采取高标准的教学和研究;

(2)作为高等教育机构的一种,高等学校要至少涉及自然科学、工程科学、健康和生物医学、生物工程科学、社会科学、人文科学中一个科学领域,实施至少一个研究项目,同时需符合法律规定的其他要求。

第十一条

高等教育机构不得被剥夺或限制自由,具体表现为:

(1)高等教育机构在许可范围内可增加高等教育的入学形式;

(2)为所需或必备技能的获取提供学习项目以达成高等教育目标。

三、高等教育机构章程(以下简称"章程")

第十二条

1.章程是高等教育机构的基本法,是关于高等教育机构重大事务的规定。

2.章程应由大学理事会审核制定,并事先征求高等教育机构管理委员会的意见。

3.高等教育机构所制定的章程不能违背本法规定。

四、大学和高等学校主体

第十三条

1. 大学主体包括管理委员会、理事会、校长。
2. 大学可以在一个或多个科学领域内下设学部、研究院、学院或是科研院所，共同承担教学、科研和学术工作。
3. 章程中需详细说明下设单位的组织机构和职责
4. 高等学校主体包括管理委员会、理事会、负责人。

五、高等教育机构管理委员会

第十四条

1. 高等教育机构管理委员会全面负责公立高等教育机构的运行。
2. 高等教育机构管理委员会需履行法律和章程所规定的各项义务，主要包括：
(1) 为章程提供修订意见，审核内部组织机构设置和依据法律或章程制定相关规定；
(2) 依法审核关于构建法律实体的决策；
(3) 负责融资和制定发展规划；
(4) 提议并审议高等教育机构的年度工作计划；
(5) 审议财务预算及年度财务报表；
(6) 指导、监控、评估财务负责人的相关工作；
(7) 处理与投资者（资助者）的关系；
(8) 决策实际支出是否可以超出高等教育机构的相关财务规定；
(9) 根据高等教育机构对雇员的权利、义务和责任的裁决，对雇员的投诉做出回应；
(10) 向投资者（资助者）每年提交至少一份关于高等教育机构的年度报告；
(11) 依照法律法规和章程完成其他工作。

第十五条

1. 高等教育机构管理委员会的人员由 7～11 人组成，其中至少三分之一的委员由资助者任命，其余委员由理事会和高等教育机构根据章程遴选。
2. 高等教育机构管理委员会委员的任免需在公开、透明、竞争的过程中进行。

六、高等教育机构理事会

第十六条

1. 高等教育机构理事会由学术人员和学生构成，负责统筹学术事务，代表高等教育机构中的最高学术权力。
2. 高等教育机构理事会负责审议所有学术事务，主要包括：
(1) 审议高等教育机构的教学、科研、艺术、专家活动等事务；

(2)向投资者(资助者)每年提交至少一份关于高等教育机构的年度报告;

(3)以法律和章程为依据审议各项规章制度;

(4)审议本科生、硕士生、博士生的课程设置;

(5)遴选高等学校的负责人,即大学校长、副校长;

(6)根据科学和教学委员会的建议招聘学术人员;

(7)确立有关科学博士授予的程序;

(8)授予荣誉教授和荣誉科学博士的称号;

(9)向高等教育机构管理委员会提出倡议,组织或遣散院系或其他科研单位;

(10)依照法律法规和章程完成其他工作。

3.高等教育机构理事会应根据专家组织机构以及其他机构的意见对学术提案进行审议。

4.高等教育机构理事会应有15%的学生成员,保证本科生、硕士生、博士生均有代表。

5.高等教育机构理事会的人员规模、构成和议事程序应在章程中有所规定。

七、大学校长和高等学校负责人

第十七条

1.大学由校长负责管理,校长根据相关法律和章程管理大学。

2.大学校长、高等学校负责人应向高等教育机构理事会报告学术工作进展,向高等教育机构管理委员会报告大学、高等学校状况。

3.大学校长、高等学校负责人应履行法律和章程规定的义务,主要包括:

(1)代表高等教育机构;

(2)组织管理大学、高等学校的日常工作,并承担法律责任;

(3)根据相关法律和章程审议各项规定;

(4)根据相关法律和章程制订工作草案;

(5)提出高等教育机构工作改进的措施;

(6)向高等教育机构管理委员会提出高等教育机构各项活动合法履行的措施;

(7)提出高等教育机构的基本工作和发展规划;

(8)向高等教育机构管理委员会提交组织框架图和工作制度表;

(9)执行高等教育机构管理委员会和高等教育机构其他部门的决定;

(10)规定章程中经费使用情况;

(11)审议关于员工权利、义务、责任的相关决定;

(12)向高等教育机构管理委员会提交关于高等教育机构的财务业务报告;

(13)下达财务执行规划的相关指令;

(14)参与波黑校长联席会的工作;

(15)依照法律法规和章程完成其他工作。

第十八条

1. 大学校长应由高等教育机构理事会以公开竞争原则进行遴选。
2. 大学校长的候选人需是大学中从事科研和教学的专职教授。
3. 高等学校负责人的候选人需是高等学校中符合条件的教师。
4. 校长、高等学校负责人的任期为4年,可以连任。

八、大学自治与法律主体性

第十九条

1. 除本法规定外,所有经批准建设的高等教育机构都应具备相关法律的主体性,其中主要包括:

(1)依法处置、管理高等教育机构所属土地、建筑的所有权;
(2)接受和管理所有合法来源的资金;
(3)依法制定、收取学费及其他费用;
(4)聘任员工;
(5)与学生建立法律关系;
(6)以教育和科研为目的进行创收;
(7)与国内外高等教育机构签订合作协议;
(8)开展校企合作;
(9)具备有效履行其职能所需的其他权力。

2. 高等教育机构在符合相关法律、章程、财务计划的条件下享有对拨款、收入、学费、基金等所有资金的支配权。

第二十条

1. 章程中应明确规定学校内部的组织架构,如学部、学院、研究院等科研单位的设置情况。
2. 为促进科研、财政、空间规划的协调发展,高等教育机构各科研单位在依法运行一年后不再具有独立于高等教育机构的法律主体性。一年后,各实体学部可依法保留其法律主体性,但不享有财务支配权。
3. 为强化激励机制,章程中应明确规定各科研单位所具有的学术权力、财务权及相关责任。章程规定了高等教育机构各下属部门的市场角色、处置市场资金的方法以及获取捐赠等其他资金的方法。

第二十一条

1. 高等教育机构在其授权范围内享有教学和科研工作的自由,不受公共机关部门的干涉。
2. 科研工作领域应制定专项法律。
3. 波黑各机构和波黑国际债务部门依法应共同为高等教育机构科研工作提供经费。

第二十二条

高等教育机构依法享有以下权利：
(1)制定行政部门管理框架并负责给各部门安排任务；
(2)按照各项法规管理高等教育机构的结构与活动；
(3)聘任教师及其他员工；
(4)自主招生,制定教学方法和检验教学成果；
(5)自主开发课程和研究项目；
(6)根据资金调整专业设置；
(7)给教授和其他工作人员颁发奖项；
(8)确定一门或多门波黑民族语言作为官方语言。

第二十三条

1.获得官方认可的高等教育机构的基本设施禁止被损害。警方和犯罪防范部门没有大学校长或高等学校负责人或其授权人的批准不得进入大学或高等学校。

2.为了防止出现紧急犯罪状况,警方可进入校园采取必要措施,但按规定应立即通知大学或高等学校机关。

九、学术人员的权利与责任

第二十四条

1.各高等教育机构应在章程或与之等效的其他文件中注明学术人员在法律框架内所享有学术自由的权利。若没有相关保证,则学术人员在研究时发表有争议或不受欢迎的言论时,可能会被开除或无法享有在高等教育机构工作应享有的权益。

2.学术人员的言论自由权只受到法律限制。

第二十五条

各高等教育机构的核心文件还包括以下内容：
(1)依法保证员工的组织和集会自由；
(2)依法保证员工不受任何歧视,例如性别、性取向、身体状况、婚姻状况、肤色、语言、宗教、政治信仰、种族、部落、财富水平、年龄及其他任何状况。

第二十六条

高等教育机构的学术人员有权依照各校关于知识产权、第三方权利保障的相关规定,决定是否公布研究成果。

十、职称

第二十七条

1.高等教育机构应在教学、科研、艺术三个领域分类授予职称。

2.大学的教学、科研和艺术类教师可授予的职称如下：全职教授、兼职教授、副教授、讲师、高级助理、助理。

3.高等学校的教学、科研和艺术类教师可授予的职称如下:高等学校教授、高等学校讲师、助理。

十一、聘任学术人员

第二十八条

高等教育机构关于聘任教学科研类学术人员的最低要求如下:

(1)助理:获得学士学位,至少获得欧洲学分转换系统的240学分;

(2)高级助理:获得硕士学位;

(3)讲师:获得硕士学位;

(4)副教授:获得博士学位,在知名出版物上发表至少3篇论文,具备授课能力;

(5)兼职教授:在副教授岗位上至少完成一个聘期的工作,在知名出版物上发表至少5篇论文,出版至少1本著作,副教授聘期内成功申请项目、专利等,担任硕士生导师;

(6)全职教授:在兼职教授岗位上至少完成一个聘期的工作并于聘期内在知名出版物上发表至少8篇论文,出版至少2本著作,担任硕士生和博士生导师。

第二十九条

高等教育机构聘任艺术类教师的最低要求如下:

(1)助理:获得学士学位,获得欧洲学分转换系统的240学分;

(2)高级助理:获得硕士学位,或在获得本科学士学位的基础上公开发表艺术作品;

(3)副教授:至少获得学士学位,公开发表大量艺术作品;

(4)兼职教授:至少获得学士学位,公开发表大量艺术作品,在艺术领域内获得广泛认可,具备授课能力;

(5)全职教授:至少获得学士学位,公开发表大量艺术作品,极大促进了文化和艺术的发展,授课能力强,培养了大批艺术人才。

第三十条

1.高等学校聘任授课教师的最低要求如下:

(1)助理:获得学士学位;

(2)高等学校讲师:获得硕士学位,具备授课能力;

(3)高等学校教授:获得博士学位,具备授课能力。

2.大学的全职教授、兼职教授和副教授可以在高等学校授课。

第三十一条

1.高等学校聘任艺术类教师的最低要求如下:

(1)助理:获得学士学位;

(2)高等学校讲师:至少获得学士学位,有艺术创作成果,具备授课能力;

(3)高等学校教授:至少获得学士学位,有显著的艺术创作成果,具备授课能力。

2.大学的艺术类教师可以在高等学校授课。

第三十二条

在职称评审过程中只考察上一聘期内教师已经出版的著作和应用研究、课题项目及指导学生方面的研究成果。对于艺术类教师主要考察其发表的艺术作品。

第三十三条

1.大学学术人员的聘期：

(1)助理的聘期为4年,不允许续聘；

(2)高级助理的聘期为5年,如果其获得博士学位则允许续聘；

(3)讲师的聘期为5年,不允许续聘；

(4)副教授的聘期为5年,允许续聘；

(5)兼职教授的聘期为6年,允许续聘；

(6)全职教授,终身制。

2.全职教授应签订终身合同。

3.高等学校学术人员的聘期：

(1)助理的聘期为4年,不允许续聘；

(2)高等学校讲师的聘期为5年,允许续聘；

(3)高等学校教授,终身制。

4.学术人员应与高等教育机构按聘期签订协议。期满后,高等教育机构有义务与各学术人员签订新的工作协议。

第三十四条

任何条件下,高等教育机构聘任学术人员均应依照相关法律、章程、专业标准进行公开招聘。

第三十五条

高等教育机构应依照法律和相关规定保障学术和其他工作人员的合法权益。高等法院有权审议高等教育机构所做出的最终决定。

十二、学生的权利与责任

第三十六条

1.就读高等教育机构的学生应与高等教育机构达成合约关系。

2.学生依法享有以下权利,可在章程中补充：

(1)参加所学学科内组织的所有讲座、研讨会和其他形式的讲座；

(2)使用图书馆和其他服务的权利；

(3)参与学生代表或其他学生岗位竞选的权利；

(4)波黑各高等教育机构间学分转换的权利。

第三十七条

就读高等教育机构的学生应尽以下义务：

(1)遵守高等教育机构制定的各项规定；
(2)尊重其他学生和员工的各项权利；
(3)全身心投入学习并积极参加学术活动。

第三十八条

高等教育机构其他核心文件应包含以下规定：
(1)依法保证学生学习自由，保障学生发表有争议或不受欢迎的言论而不受排斥；
(2)依法保证学生言论自由、组织和集会的权利；
(3)依法保证学生不受任何歧视，例如性别、性取向、身体状况、婚姻状况、肤色、语言、宗教、政治信仰、种族、社会出身、部落、财富水平、年龄及其他状况；
(4)公平公正处理与学生有关的纪律问题。

第三十九条

1.学生有权就学校教学或其他服务的质量提出意见，章程中应包含处理此类意见的相关措施。

2.章程中应包含学生因学术或纪律问题被开除的相关规定以及完备的上诉程序。

3.当遇到本条第2款情况时，学生有权在高等教育机构做出最终裁决后向高等法院提出申诉。

第四十条

1.高等教育机构其他核心文件中应包含设立学生代表机构的相关规定。

2.学生代表机构代表广大学生的根本利益，本着民主的原则依法满足学生的社会、文化、学术、体育或娱乐需求。

3.各学生代表机构可在波黑共同建立学生代表机构协会，成为国际组织和学生协会的会员。

第四十一条

1.学生在完成学业后将不再具备学生身份，学生在没有完成本科学业时不允许申请研究生。即使学生没有顺利进入新学期的学习，也依然享有学生的权利和义务。

2.全日制学生在受到高等教育机构纪律处分时将不再具备学生身份。全日制学生在同一年复读两次也将被取消学生学籍。

第三部分　高等教育相关机构

一、波黑民政部

第四十二条

波黑民政部负责执行以下职能：
(1)与其他主管部委合作，促进波黑高等教育的协调发展；

(2)促进教学与科研的一体化发展,激发大学科研项目的活力;

(3)促进高等教育领域学生与员工在欧洲及世界间的流动;

(4)促进各种形式高等教育(专业培训、终身教育等)入学机会的公平;

(5)支持并鼓励高等教育机构、工业、企业、公共部门之间加强联系。

二、波黑校长联席会

第四十三条

1.各大学之间应达成协议并建立波黑校长联席会(后文简称"校长联席会")。

2.校长联席会代表波黑各大学的共同利益,应不断推进波黑各高等教育机构之间的合作。

3.校长联席会的成员为波黑具有办学执照的各大学校长。

4.校长联席会的经费由联席会成员资助或其他来源资助。

5.校长联席会应作为高等教育改革实施过程中的咨询机构。

6.校长联席会做出的决议需全员通过方可执行。

三、高等教育发展与质量保证署

第四十四条

1.本法特此设立高等教育发展质量保证署。

2.高等教育发展质量保证署是一个独立、自治的行政组织。

第四十五条

高等教育发展质量保证署应履行以下职责:

(1)决议高等教育机构信息透明、可公开的标准;

(2)根据国内外专家的甄选标准确定波黑高等教育机构评价与质量审查的标准;

(3)根据各州部委及布尔奇科特区部委的规范和标准,决议高等教育机构是否继续开办或重组;

(4)为高等教育机构和学习项目的认证提供建议;

(5)向各高等教育机构提供设置最低学费的建议,统一波黑高等教育的最低学费;

(6)为各州部委、布尔奇科特区部委政策的制定和发展提供建议;

(7)向有关各方提供其权责范围内的咨询建议;

(8)决议学习高等教育的质量标准,评估各高等教育机构并提供建议;

(9)保证波黑高等教育符合国际质量标准;

(10)在总指导方针和标准基础上,提出各高等教育机构开展科研工作的经费分配方案;

(11)在其权责范围内执行相关规定。

四、高等教育机构认证代理署

第四十六条

高等教育机构认证代理署应履行以下职责：

(1) 公开选拔国内外有相关研究背景的认证专家，评估、审查各高等教育机构的质量并提出建议；

(2) 设立质量认证专家委员会并遴选专家。该委员会由 5 名专家组成，其中包括校长联席会、州部委、布尔奇科特区部委、认证代理方的各 1 名代表；

(3) 向波黑教育部门和布尔奇科特区主管部门提交候选专家方案；

(4) 根据教育主管部门的审核意见任命质量认证专家委员会的专家；

(5) 根据质量认证专家委员会的意见向教育主管部门提供高等教育机构和项目的发展建议；

(6) 高等教育机构认证的程序和结果需经过州部委、布尔奇科特区部委的审议；

(7) 如若评审过程不符合相关规定，则交由高等教育机构管理委员会进一步审议，直到撤销认证决定；对撤销认证决定有异议者，可由主管教育部门向行政管理委员会提出；

(8) 保存高等教育机构的注册信息；

(9) 在网络上公开已注册的高等教育机构名单，每年在波黑官方公报至少刊登一次，在各类日报上至少刊登两次已注册的高等教育机构名单。

五、文凭及相关证书的格式和内容

第四十七条

高等教育机构认证代理署负责审核各高等教育机构拟颁发的文凭及相关证书的格式和内容。

第四十八条

1. 高等教育机构代理署的工作程序应遵照相关规章制度。

2. 高等教育机构代理署的规章制度由波黑部长理事会制定。

3. 高等教育发展质量保证署由署长管理。

4. 在公开竞选后，署长和副署长由波黑部长理事会任命。

5. 署长、副署长的任期为 4 年。

6. 署长和副署长不允许来自同一民族。

7. 高等教育机构认证代理署由 10 名委员构成的管理委员会管理。

8. 管理委员会委员应保证至少有 3 名分别来自三大民族，1 名来自少数民族。

9. 管理委员会委员的任期为 3 年，可连任，每年应有三分之一的委员连任并新任命三分之一的委员。

10.管理委员会在决议过程中应遵从少数服从多数的原则,但通过一项决议必须有三分之二的委员投赞成票。

11.管理委员会委员中应保证至少有 5 名大学全职教授。

六、高等教育机构认证代理署经费

第四十九条

高等教育机构认证代理署的经费来自国家拨款。

第四部分 学位与文凭

一、授予学位与文凭

第五十条

1.经注册的高等教育机构需按相关规定授予学位与文凭。

2.章程应规定应授予的学位、文凭并包含学位、文凭授予的相关规定。

3.高等教育机构本科学士学位的授予可以采取较灵活的方式以方便学生升学或毕业,授予的学分取决于学生的学习进度。

4.高等教育机构在制定相关规定时应与欧洲学分转换系统相适应。

5.除此之外,各高等教育机构在透明、公平、方便学生查询的原则下有权自主设置课程、知识验证和评估计划。

第五十一条

1.为保证就业并体现高等教育机构的社会功能,波黑的相关教育主管部门应认可各高等教育机构所颁发的文凭。

2.经注册的高等教育机构有义务向每一个毕业生颁发印有该高等教育机构印章的文凭及相关文件。

第五十二条

1.被授予学位后,学生只有在违背章程相关规定的情况下方能被取消学位和文凭,并可向主管法院提出上诉。

2.根据相关国际公约和条款,波黑民政部在咨询其他相关政府部门意见后可以规定文凭附属文件的内容,以便毕业生在非所学专业领域就业。

第五部分 最终条款

一、学习科学专业知识

第五十三条

1.取得科学专业职称的人员依法享有使用其职称的权利。

2.本条第1款所述人员可以根据章程规定的程序和要求,在其所在的高等教育机构获取新的学术职称的文件(证书或文凭)。本条第1款所指的人员有权获得学术职称文件的权利。

3.本法具有保障博士学位权利的同等效力。

第五十四条

1.就职学术职务的人员自本法生效之日起开始履行职责。

2.若对职务进行调整,则应在本法生效期间内完成。如没有注明学术职称生效的起始时间,则学术职务自本法生效之日起开始计算。任何职务调整或遴选都应遵循本法的相关规定执行。

二、学习相关法律

第五十五条

高等教育机构应在本法生效后对本法进行学习研究。在本法生效后的1年内,各高等教育机构应完成对本法的组织学习,同时应用欧洲学分转换系统。

三、学生完成学业的权利

第五十六条

1.本科生和研究生自本法生效之日起有权完成课程的学习、有权获得第一年学习所需的适当环境;在本法生效前有权获得相应的学术职称。

2.未按照事先立法完成博士学位论文答辩的学生,有权根据本法施行前的法律,对其博士论文进行答辩,并取得科学博士学位。

3.高等教育机构可以根据本条第2款,限制学生完成学习的期限,但不得少于学生完成学业所需的年数。

4.根据本条第2款,没有按时完成课程学习和学业的学生可根据本法及相关程序在高等教育机构继续学习。

四、章程的协调度及大学合并

第五十七条

1.高等教育机构应在本法生效的6个月内发布与本法相协调的章程及相关规定。

2.本法生效前已任命的高等教育机构管理委员会成员、校长、副校长、学院院长、学院副院长有权按照任期保留其职位。涉及合并的高等教育机构在本法生效时开始实施并于1年内完成合并。

五、法律过渡期间的许可认证

第五十八条

1.自本法生效之日起,高等教育机构应当从相关主管机构获取临时许可证。临时许可证应按照符合相关的认证标准规定高等教育机构各研究项目的研究期限。

2.各高等教育机构应在本法生效起的2年内完成正式认证。

六、代理负责人的任命及立法期间的相关条款

第五十九条

1.在本法生效的6个月内,波黑部长管理委员会应任命管理委员会委员及高等教育发展质量保证署的代理负责人。

2.在本法生效的1年内,高等教育发展质量保证署应在权限范围内制定相关规章制度。

七、与其他法律的协调性

第六十条

1.在本法生效的6个月内,各州关于高等教育的相关法律应根据本法及时调整。

2.本法未涉及的高等教育相关规定应在各州高等教育法中有所补充体现。

八、高等职业学校的现状

第六十一条

1.在本法生效的1年内,各州的高等教育法应补充高等职业学校的现状信息。

2.自本法生效之日起,就读两年制高职高专的学生有相应的权利和义务完成各学校章程中所规定的课程。

九、神学学部、学院及研究院

第六十二条

本法不适用于神学学部、学院及研究院。神学相关研究机构可依附于大学,并制定一套独立的管理规定。

十、法律生效期

第六十三条

本法自公布于波黑官方公报后的第8日开始生效。

黑 山

黑山，全称黑山共和国，位于欧洲巴尔干半岛中西部，东南部同阿尔巴尼亚为邻，东北部同塞尔维亚相连，西北部同波黑和克罗地亚接壤，西南部地区濒临亚得里亚海，海岸线长293千米。西部和中部为丘陵平原地带，北部和东北部为高原和山地。黑山人口为62.2万（2019年1月）。

议会是黑山的立法机构，一院制。议员通过直选产生，任期4年。黑山的司法机构包括宪法法院、最高法院、行政法院、上诉法院、经济法院、中级法院和初级法院。政府是国家权力执行机构。黑山共有24个行政区，首都是波德戈里察。

旅游业和制铝工业是黑山的经济支柱。南斯拉夫解体后，黑山因受战乱和国际制裁影响，经济一路下滑。近年来，随着外部环境改善及各项经济改革推进，黑山经济逐步恢复，总体呈增长态势。黑山政府将旅游、能源、农业、基础设施作为重点领域，并重视改善投资环境和吸引外资。

黑山教育体系完备，包括学前教育、初等教育、中等教育、高等教育、成人教育和特殊教育。黑山大学为国立综合性高等学府，另有下戈里察大学和地中海大学两所民办大学。

注：以上资料数据参考依据为中国外交部官方网站黑山国家概况（2020年10月更新）。

黑山初等教育法

一、基本规定

第一条 法律规定

初等教育是教育体系的重要组成部分,具体规定应参照本法。

第二条 教育基本原则

初等教育的基本原则:

(1)为所有公民提供初等教育;

(2)培养创造性人格;

(3)达到国际化教学标准,并且学习继续深造的课程内容;

(4)培养学生的辩证思维、自我认知能力以及对知识的兴趣;

(5)教育学生自我管理的同时参与社会生活;

(6)在实践中培养学生独立高效地应用创造性思维;

(7)根据学生的能力差异促进其个性化发展;

(8)培养学生尊重国家的历史和文化,了解其他国家的文化和风俗;

(9)教育学生包容、尊重差异,学会合作,尊重人权和自由,以此来提高社会生活能力;

(10)了解有关自然和社会的基本规律,保持健康状态;

(11)发展民主、宽容与合作精神,维护他人权利;

(12)提倡健康的生活方式,保护自然环境。

第三条 教育内容

1.初等教育内容应在小学(以下简称"学校")实施。

2.公立或私立学校的设立应符合法律规定。

3.家长或教师有义务为学生选择教育形式。

第四条 义务

1.初等教育属义务教育,所有6~15岁的孩子应当接受相关课程教学。

2.本条第1款规定,父母或老师应当确保其子女或学生履行接受初等教育的义务。

3.学生需完成9年初等义务教育。

第五条 就读年限

1.初等教育年限为9年。

2.初等教育是免费的。

第六条　学生身份

1. 自小学1年级入学起孩子即具有学生的身份。
2. 学生读完9年级即视为完成初等教育。

第七条　成人初等教育

根据法律规定,15岁以上公民(以下简称"成人")的初等教育应在小学内部单独的教育场所或在成人教育学校进行。

第八条　小学艺术教育

根据法律规定,小学艺术教育(音乐、芭蕾舞等)是初等教育内容的一部分。

第九条　特殊学生群体

1. 根据主管委员会决定,有缺陷的儿童可以接受正规的初等教育。
2. 根据本条第1款,教育科学部(以下简称"教育部")应根据主管委员会的建议规定儿童入学的方式和教育工作的组织方式。
3. 根据本法和其他条款规定,对于有缺陷的儿童,学校需要调整义务教育具体课程和附加费用,进行特殊帮助或开展特殊课程使其接受初等教育;对于学习有困难的学生,学校应调整教学方法和工作方式,通过个人和集体帮助来解决学生的学习困难。

第十条　特长生

依照本法规定,对于特长生,学校应调整教学方法和工作形式,让他们获得额外的指导,通过个人和团体辅导形式来完成其他专门课程。

第十一条　基本概念

本法中的特殊概念应具有下列含义:

(1)公立机构是由国家设立的学校,或是当地的自治机构;
(2)私立机构是由国家法定的自然人建立的学校;
(3)家庭教育是家长主导的教育;
(4)特殊群体是在身体、学习、智力上有缺陷的儿童;
(5)成长有缺陷的儿童和学习困难生是需要通过专业人士协助来调整教育课程或提供单独课程的学生;
(6)官方语言是国家官方使用的语言;
(7)阶段是接受教育的三个阶段;
(8)第一个阶段是指1、2、3年级;
(9)第二个阶段是指4、5、6年级;
(10)第三个阶段是指7、8、9年级;
(11)教学年是正规教学期;
(12)学年是正常教学和其他形式的教育工作开展期;
(13)初等义务教育是指6~15岁的学生有义务通过接受小学公开教育课程而获得的教育;

(14)评估期是在一个学期(或一个教学年)中考核学生的课程和分数的时间;

(15)必修课的数量是指在课程规定下每周工作日的授课数。

二、教育工作组织

第十二条 课程

1.初等教育课程(以下简称"课程")应在学校以公开的方式开展。

2.课程设置包含必修科目、强制选修科目、选修科目、自由活动和班级社区课程。

3.教育部规定应规范申请与开设课程的方式。

第十三条 必修科目

根据教育委员会的建议,教育部应明确公立和私立学校的必修科目内容。

第十四条 强制选修科目

1.学校应当提供至少5门强制选修课,对于在第三个阶段学习的学生,外语将作为其强制选修科目之一。

2.根据本条第1款,学生可以选择强制选修科目内容。

3.根据教育委员会的建议,教育部将明确强制选修科目清单及内容。

4.学校应提交强制选修科目清单。

第十五条 补课和增课

1.学校应当为学习落后的学生进行补课。

2.学校应当为学习优秀的学生和对知识有浓厚兴趣的学生增加课程。

第十六条 扩展课程

1.学校应当为学生组织其能力范围内的扩展课程。

2.扩展课程包括延长在校时间、打扫卫生、自由活动、选修教学和户外教学。

3.学校应当组织1年级学生进行卫生大扫除。

第十七条 延长在校时间

1.学校应根据学生潜能组织学生延长在校时间。

2.根据校规,延长在校时间期间,学校应当引导学生进行各种体育、文化、艺术活动,完成学习、功课以及其他任务。

第十八条 选择性教学

1.根据规定,学校可以在一些特定课程中进行选择性教学。

2.选择性教学是强制性的,所有学生都必须参与。

3.选修科目分数不影响学生的总体成绩。

第十九条 课外活动

1.学校应开展各种形式的自由活动、课外活动(体育、文化和艺术活动);

2.学校年度计划中应设立自由活动。

第二十条 社会课

在社会课上,学生和教师应讨论学生感兴趣的问题或与学校有关的事。

第二十一条 年度计划

1.学校的工作内容由年度计划确定。

2.年度计划应确定学校教育的工作组织、教育质量的内部评估、工作的形式和内容及任务完成的计划安排。

第二十二条 阶段

1.学校教学应循环交替,包括:

(1)第一个阶段——课程教学;

(2)第二个阶段——课程和学科教学;

(3)第三个阶段——学科教学。

2.在本条第1款的特殊情况下,私立学校不需要按此教学阶段提供教学。

第二十三条 班级学生人数

1.特定年级的学生应分为不同的班级。

2.每个班级最多可以有30名学生。

3.学习少数民族语言课程的学生数量较少,但不可低于规定人数的50%。

4.在本条第1款的特殊情况下,根据教育主管部长(以下简称"部长")的要求,一个班级可以由33名学生组成。

第二十四条 多年级班级

1.如果因学生人数少,无法开设课程,一个班级可以由同一水平的2个或3个年级(多年级)学生组成。

2.一个由2个年级组成的多年级班级最多有25个学生,由3个年级组成的多年级班级最多可以有20名学生。

3.校长结合教师小组的建议确定多年级班级的组成结构。

4.除本条第1款外,部长可以批准超过3个年级组成一个多年级班级。

第二十五条 外语

1.学生在学校应学习英语、俄语、意大利语、法语、德语和西班牙语。

2.根据本条第1款规定,应强制学生从4年级开始根据自己的选择学习至少一种上述所涉及的语言。

3.从第三个阶段开始,学校应当根据他们的兴趣、意愿和学校的能力开展第二外语教学,以此作为学生的强制选修科目。

4.学生可以将外语作为强制选修科目。

5.学校可能会引入其他语言的学习,这些语言课程不是本条第1款中所规定的,而是基于学生和家长的意愿以及学校的支持而开设的。

第二十六条　每周工作与上课时间

1.在一个工作周内,学生应接受如下课时的必修课程:

(1)第一个阶段至多包括20节课,从1年级到3年级要逐渐增加课程数目;

(2)第二个阶段至多包括26节课,从4年级到6年级要逐渐增加课程数目;

(3)第三个阶段至多包括30节课,从7年级到9年级要逐渐增加课程数目。

2.在教学语言是非母语的学校中,应当增加两节课。

3.通常来说,学校课程应为45分钟一节。

4.学校课程的数量和时间长短取决于学生的年龄和教学内容。

第二十七条　海外教育

根据单独的教育计划和课程,如果黑山公民暂时在国外工作,那么学校可能会为其子女提供额外的小学培训和教育。

第二十八条　在海外工作的教师

1.从事教育工作的教师指至少要有4年的教师专业工作经验,具有突出的专业和教学工作经验,精通某国语言的教育工作人员。

2.部长有派遣教师赴外工作的决定权。

3.被派遣的教师将在国外工作2年。

4.如果部长发现教师在国外有以下问题,则他可以决定停止教师的工作:

(1)未完成本法第二十六条规定的课程;

(2)严重违反工作职责;

(3)滥用教师权利;

(4)违反法律规定的其他情况。

5.就业协议规定,被派往国外工作是教师应履行的义务。

三、学生

第二十九条　入学要求

入学年龄要求为6岁。

第三十条　6岁前入学

根据本法第三十三条规定,经过父母的申请和委员会批准,不满6岁的儿童可提前入学。

第三十一条　入学

1.一般来说,儿童应在每年4月份进行体检,体检合格方可入学。

2.由学校的权威机构任命的委员会开展儿童入学工作。

3.1年级学生的入学考试将在对其潜力开发有帮助的学校完成。

第三十二条　延迟入学

1.在经父母同意或申请的情况下,或主管医疗服务机构和委员会评估该学生还不具备上学的条件,学生可以延迟一个学年入学。

2.校长将任命本条第1款所述的委员会。

3.本条第1款所指的委员会应由儿科医生、学校心理学家和教育工作者或老师组成。

第三十三条　地方政府的义务

每年2月底,地方政府应将已达到初等义务教育年龄的儿童名单提交到他们居住地所归属的学校。

第三十四条　父母的义务

1.学校应当提交尚未入学的孩子或没有完成义务教育的孩子的父母的有关资料;

2.本条第1款所指资料,学校应当在规定注册期限届满之日起15日内或者在完成义务教育截止期限内送达。

第三十五条　家庭教育权

1.家长也可以在家里对孩子进行教育。

2.至少在学年开始前的3个月内,父母应当以书面通知的形式将该决定告知其子女所在学校。

3.本条第2款所述的通知应包括公开有效的课程、孩子的名字和姓氏、所进行教育的场所、施教者的姓名和资质,若以上内容均符合要求,则该儿童的教育可在家进行。

4.学校应保存有关学生在家教育的文件。

第三十六条　家庭教育知识结果评估

1.家庭教育要以已经入学的学生所进修的全部课程为标准来给家庭教育学生制订培养计划。

2.学校应当在每学期期末组织家庭教育的学生进行知识评估。

3.这些接受家庭教育的特殊学生群体应当获得根据调整后的课程设置的相应的培养计划。

4.应当对1~3年级的语言、数学、自然与社会科目进行知识评估。

5.4~9年级的所有科目都要进行知识评估。

6.如果学生的某项课程没有达到及格标准,学生有权利在下学期开学前进行重考。

7.如果重考仍没有达到及格标准,该学生将在下学期进行该科目的重修。

8.教育部应当规定家庭教育的知识评估方式和程序。

第三十七条　家庭教育的期末测试

1.家庭教育的学生的期末测试要依照本法第五十三条、第五十四条进行。

2.入学并通过学校知识评估的学生,学校应当为其开具家庭教育证明。该家庭教育证明具有公文效力。

第三十八条　学生的义务

1.学校应当根据家长的申请允许家长对15~17岁学生的课程定期进行旁听。

2.如果学生在校期间年满17岁,应在学年结束前按时上课。

3.如果学生违反本条第1款和第2款规定,影响了学校正常业务的开展,学校负责人可以对其进行停课处理。

4.根据家长的申请,学校应当为15岁以上未完成初等教育的学生开具证明以保证其可以继续履行初等教育义务。

第三十九条　初等教育中学生的义务

在校期间已满15岁的学生在学年结束前不得擅自离校。

第四十条　惩罚措施

1.处于义务教育阶段的学生不得被开除学籍。

2.在家长同意、申请或是其他学校允许的情况下,学校可以接收从其他学校转学过来的学生。

3.如果学校不能为学生提供入读其他学校的入学证明,则由部长任命的委员会对该事项做出决定。

4.在做出入学决定之前,委员会应当征得学生家长和学生所在学校负责人的同意;

5.委员会的决定具有决定性效力。

第四十一条　免修体育课

1.学生可以因为疾病或身体原因暂时不参加体育课程。

2.教师应当根据医学证明对符合本条第1款所述情况的学生做出体育课免修的决定。

3.免修体育课的学生可以根据自身实际情况来参与体育课的部分课程。

第四十二条　学生缺勤

在通知下发后,学生可以在每学期缺勤5天。

第四十三条　转学

1.在家长提出申请后方可进行转学。

2.原学校应当将转学通知发送给转入的学校。

3.原学校应当在该学生转入另一所学校后将其原有学籍注销。

四、学生学习成绩(记录)

第四十四条　成绩(记录)

1.学生的成绩评价应当以描述性和数字性的形式记录。

2.本条第1款应以课程为标准进行评价。

第四十五条 阶段性记录

1. 学生的成绩应当在第一个阶段进行记录。
2. 在第一个阶段结束时,学生的成绩应当以叙述性和数字性的形式记录。
3. 第二个阶段的成绩应当以数字形式记录。
4. 第三个阶段的成绩应当以数字形式记录。
5. 记录"1"代表"不合格"。
6. 有关部门将对记录的形式和方式做出规定。

第四十六条 阶段性记录

1. 对学生情况的记录应当公开进行。
2. 除1年级学生外,其余每个年级的学生的课程都有相应的分数。
3. 学校应当在每一评价阶段以书面形式将学生的成绩通知家长。
4. 每学期结束时学生应获得成绩证书。

第四十七条 建立档案

1. 除1年级学生外,将在每个评价阶段结束时对其余年级的学生在教育、教学、礼仪以及日常成绩方面做出记录。
2. 对于在校期间转学的学生,也应在其记录档案中对其转学进行记录。

第四十八条 平均成绩

1. 如果学生在每一学科成绩都表现突出,则证明学生完成课程任务。
2. 平均成绩是所有科目分数的平均分,该规则由班主任制定。
3. 该规则更严格地确定了成绩的计算方式。

第四十九条 留级

1. 1～5年级的学生不可留级。
2. 除本条第1款外,若教学内容不足以使学生升级则可允许学生留级。
3. 留级决定由班主任或由班主任根据学校咨询服务处和家长意见做出决定。
4. 学校也可根据家长的申请同意学生留级。

第五十条 补考

1. 6～9年级学生在学期末将对1～3门不及格课程进行补考。
2. 若4门以上成绩不及格或没有通过补考的学生将予以留级。
3. 除本条第2款规定情形外,在校期间年满15岁且在该学期末不及格者可以作为非全日制学生在第二学年进行补考。

第五十一条 补考时间

1. 6～9年级的学生可以参加6月份和8月份的补考。
2. 本条第1款所指学生可以在6月份选择两个科目进行补考。

3.所有不及格以及在6月份没有通过补考的学生均应在8月份参加补考。

4.9年级学生应在6月份进行所有不及格科目的补考。

5.9年级学生若在6月份有两个科目未通过考试,则有权参加8月份的补考。

第五十二条 考试委员会

1.由学校负责人提名教师组成的考试委员会应参与补考的相关工作。

2.对具体的某一学科进行补考。

3.学生的平均成绩将在补考后公布。

4.教务处应规定补考方式、程序以及考试委员会的组成人数。

第五十三条 科目评估

1.学校应当以明确的工作目标为基础,在第一、第二个阶段结束后对学生的学业水平进行评估。

2.考试中心应当符合相关要求。

3.学校应当在第一个阶段结束时对学生的母语和数学水平进行评估。

4.学校应当在第二个阶段结束时对学生的母语、数学和外语水平进行评估。

5.这些学科评价不会影响任何一个科目的成绩或平均成绩。

第五十四条 其他科目评估

1.其他科目评估将于第三个阶段结束时在母语、数学以及学生选择的科目中进行。

2.考试中心将确定评估题目并完成科目评估。

3.涉及本条第1款所指的其他科目评估记录将以证书形式体现,不影响平均成绩。

4.有关部门将根据第五十三条第1款的要求对科目评估的形式及方式进行规定。

第五十五条 等级考试

在期末考试当中由于疾病或其他正当理由,有一个、多个或全部科目均未参加考试者可以参加这些科目的等级考试。

第五十六条 参加等级考试

1.等级考试由口试和笔试两部分构成。

2.口试和笔试部分应符合所有科目或课程要求。

3.考试委员会应参与等级考试工作。

4.教育部应当规定等级考试的方式和程序。

第五十七条 等级考试成绩

1.在等级考试中,应当按照本法规定对全日制在校学生的标准进行评分。

2.考试委员会将根据考官的建议设置等级考试的分数。

3.学生在等级考试中不得有违规行为。

第五十八条 提前完成学业的学生

1.在第二和第三个阶段当中,特别勤奋而有能力的学生可以在第一学年完成下一学年的课程。

2.在初等教育阶段学生只能行使本条第1款的权利。

3.本条第1款所指应是经班主任小组提议后由教师组通过的决定。

第五十九条　特长生

有特长的学生可在完成7年级的课程任务后,通过等级考试来证明完成初等教育从而进入中等艺术学校进行1年级课程的学习。

第六十条　成绩投诉

1.学生或家长有权因科目评估等事由或在评估结束阶段、学期中或考试时对成绩情况进行投诉。投诉应自收到证书之日起3日内或取得成绩通知之日向学校负责人提出。

2.学校负责人应组建评估委员会对科目成绩进行评估。

3.委员会的组成人员至少包括1名外校人员。

4.委员会应当对学生进行评价和评分。

5.委员会具有最终决定权。

第六十一条　取消考试

1.如果学校负责人或有关人员未按照法律规定或不符合法律规定制定补考和等级考试的内容,则由教师组在指定期限内取消这些考试和证书的颁发。

2.如果教师组未在规定时间内按本条第1款做出决定,则由学校负责人在指定期限内取消这些考试和证书的颁发。

3.如果学校负责人未在规定时间内按本条第2款做出决定,则由教育部在指定期限内取消这些考试和证书的颁发。

4.学校应利用学校资源支持本条第1款所涉及的学生进行第二次考试。

第六十二条　关于取消考试的决定

关于取消考试及证书颁发的决定将公布于黑山官方公报上。

第六十三条　奖励措施

1.达到教学要求的学生应被给予一定的奖励和表彰。

2.学校可以给学生奖励和表彰。

3.学生也可以接受组织机构或法律及自然主体提供的奖励和表彰。

4.奖励和表彰应当进行登记。

第六十四条　惩罚措施

1.学校应当以合理充分的理由对学生进行处罚。

2.对扰乱其他班级或其他学校秩序等情况学校会采取惩罚措施,主要包括班主任书面警告、学校负责人的口头批评、教师组的口头批评等。

3.惩罚措施仅在学生在校期间有效。

第六十五条　奖惩措施

教育部应规范纪律奖惩的相关程序。

五、小学艺术教育

第六十六条　艺术教育相关规定

艺术学校应在各班开设艺术类课程。

第六十七条　招生需求

1. 学校应满足小学 1 年级入学条件，且为具有艺术天赋的孩子提供小学艺术教育。
2. 极具艺术天赋的孩子即使未满足本条第 1 款的相关要求，在艺术学校教师小组的审议通过后可以提前接受小学教育。
3. 涉及本条第 2 款的学生，其招生、能力评估、入学要求应按照学校章程及课程的相关规定进行。

第六十八条　课程

1. 小学美术教育应在小学美术教育课程的基础上进行。
2. 本条第 1 款所涉及的课程应符合小学课程的相关审核程序。

第六十九条　艺术学校阶段

1. 小学艺术教育的学制为 6~9 年，分为以下三个阶段：
(1) 第一个阶段包括小学 1~4 年级；
(2) 第二个阶段包括小学 5~6 年级；
(3) 第三个阶段包括小学 7~9 年级。
2. 只有希望在中等艺术学校继续求学的学生才可参与第三个阶段的小学艺术教育。

第七十条　教学过程

1. 艺术学校实施课程教学，教学过程应包括个人教学和团队教学两种方式。
2. 个人教学过程应采取分组的形式，一名教师所教授的所有学生为一个教学小组。
3. 教育部应当规定个人教学的学生规模以及团队教学的学生规模。

第七十一条　必修课数量

艺术学校的学生在第一个阶段内每周至少参与 6 门课程的学习，第二个阶段每周的课程总数不能超过 8 门。

第七十二条　年度考试

1. 接受小学艺术教育的学生应在每一学年结束后参加年度考试。
2. 1 年级学生在必修课学分未达到要求时不能升学，没有通过必修课考试的学生需要复读。
3. 艺术学校的学生只能选择一门课程进行补考，只能复读一次。
4. 小学艺术教育的招生要求，考试的方式、程序，以及补考形式等规定由教育部颁布。

六、教职工和专业人员

第七十三条　教学工作和教育工作者

1.学校的教学和教育工作应由教师、教育工作者和专业人员共同进行。

2.学校与学前教育机构间签订的协议应规定小学教师、教育工作者和专业人员的权利义务的实现方式。

3.教师应组织实施教学培训和教育工作，并不断改进。

4.学校的专业人员应直接或间接地参与学校的教育工作，负责教育和心理辅导、社会和心理健康辅导、担任图书管理员等。

第七十四条　第一、第二个阶段学生的辅导

1.教师、教育工作者和专业人员应负责教育工作。

2.完成 2 年高等教育或教师培训的教师应负责第一个阶段学生的辅导。

3.完成 2 年高等教育或教师培训的教育工作者应按规定将一半工作时间用于辅导第一个阶段的学生。

4.教育工作者应符合学前教育法的所有要求，并通过由教育部规定的小学教育工作所需的特殊课程的考试。

5.完成 2 年制高等教育或教师培训的教师应辅导 4 年级学生的学习，而专业人员应承担外语教学的工作。

6.完成 2 年制高等教育或教师培训的教师除了要为 5 年级学生提供外语教学、技术教育、计算机科学教育外，还应在体育教育、音乐和艺术文化教育中选择一项进行教学。

7.6 年级学生的教育为专业课程教育，完成教师培训或取得艺术学院教师资格的专业人员应为 6 年级学生提供辅导。

8.如果学校在公开招聘的过程中没有招聘到合适的专业人员，那么可以在本条第 5、6 款的规定外，由完成 2 年高等教育或教师培训的教师完成对 6 年级学生的辅导。

第七十五条　第三个阶段学生的辅导

1.专业人员应为第三个阶段的学生提供辅导。

2.完成教育部的教师培训或艺术院校毕业的教师可以为学生提供专业辅导。

3.5 年级学生的官方语言教学应渗透于国家和民族教学过程中，由完成 2 年制高等教育的教师负责。

4.学校内的专业人员，尤其是受过培训的专业人员（心理学家、教育学家、社会学家、语言培训师和特殊教育教师）应与普通教师合作，为个别班级中的特殊儿童进行辅导。

5.教育部应规定专业人员的任教条件。

第七十六条　学业辅导的相关规定

1.母语是本国语言的教师需要通过相关教师语言培训才可以为学生提供辅导。

2.除本条第1款之外,专业教学的指导教师可以由未完成相关教师语言培训但具有丰富语言知识的教师担任。

3.本条第2款中所涉及的培训应由教育部认证的委员会主持,委员会由3名委员构成。

第七十七条 必修课数量

1.教师需每周提供43小时以内的理论必修课,课程内容如下:

(1)18课时用于教授母语;

(2)19课时用于教授外语、数学和物理;

(3)20课时用于其他课程教学。

2.年级导师需按照教学大纲的规定,在每周40小时的工作时间内向学生提供20~22课时的直接教学,其余课时安排依据大学章程制定。

3.专业人员需在每周40小时的工作时间内向学生提供至少20课时的直接教学,其余课时安排依据大学章程制定。

4.教师必须向学生提供两门直接教学课程并满足本条第1款所规定的课程数量要求和每周40小时的工作时间,其余课时安排根据学校章程制定。

第七十八条 教育工作者的工作时间

教育工作者需在每周40小时的工作时间内向学生提供26课时的直接教学,其余课时安排根据学校章程以及学校与学前教育机构的协议制定。

七、刑法条款

第七十九条 罚款

1.如果家长影响了子女的正常入学,将被处以最低工资标准10%~50%的罚款。

2.如果家长在接受罚款后依然阻碍子女的正常入学,可对其再次进行罚款。

3.如果学校校长在做出关于取消考试和取消毕业证书发放的决定时没有遵照本法的相关规定,学校校长将被处以最低工资标准10%~50%的罚款。

八、过渡及最终条款

第八十条 课程

1.课程设置的主管部门应在2003—2004学年结束前完成对课程的审核。

2.通过本条第1款审核的2003—2004学年的课程应符合法律中涉及学校员工、教学场所及其他办学资源的相关规定。

3.教育部应依据本条第2款的相关要求履行义务。

4.在正常情况下,现有的小学课程方案将投入各学校使用。

第八十一条 小学义务的履行

在本法生效前接受小学教育的学生在本法生效后应该依据本法履行义务。

第八十二条　具有 2 年制高等教育资格证书的教师

1. 在本法生效前已经获得小学任教资格的教师,即使其学历条件不满足本法相关要求,也可继续担任教师。

2. 如果学校在公开招聘中没有招聘到完成高等教育或教育部教师培训的教师,学校也可以长期聘用完成 2 年制高等教育或是接受过 2 年以上教师培训的教师。

在本法生效前被长期聘用的教师,即使不符合相应教师资格,也应当继续担任教师。

第八十三条　附属规定

1. 本法的附属规定应在本法生效的 1 年内审议通过。

2. 附属规定生效前的相关法律,在不与本法及本法附属规定冲突的情况下依然有效。

第八十四条　一般文件

各学校必须在本法生效 1 年内,按照本法相关条款修正涉及工作、组织的一般文件。

第八十五条　失效的法律法规

原初等教育法将在本学年结束后失效。

第八十六条　法律生效

本法自公布于黑山政府公报的第 8 日后开始生效,用于各学校教学课程。

黑山高等教育法

一、总则

第一条　法律内容

本法规定了高等教育的基础、开展活动的条件、学习计划的类型、开展活动机构的组织原则,以及高等教育活动中的其他重要问题。

第二条　高等教育的目标

1.建立、完善、发展知识、科学、艺术和文化。

2.通过教学和研究,传递科学的、专业的知识和技能。

3.为获得终身高等教育提供可能。

4.建立和发展国际合作。

第三条　高等教育的定义

根据本法,高等教育是一种为了获得某一学位的公益性活动,包括:

(1)普通本科学习;

(2)学术型本科学习;

(3)专科学习;

(4)应用硕士学习;

(5)获得科学硕士的学术称号;

(6)获得博士研究生的学术称号。

第四条　高等教育的提供者

高等教育由本法承认的大学和高等教育机构提供。

第五条　高等教育机构的自治

根据本法,高等教育机构可以自主开展活动。

第六条　高等教育的对象

本法和高等教育机构章程规定范围内的所有人都可获得高等教育。

第七条　平等

每个人在享有高等教育权利方面,不允许有任何理由任何形式(如对性别、种族、婚姻、肤色、语言、宗教、政治信仰、民族、物质条件和生理缺陷等)的歧视。

第八条 相关概念

1. 认证指承认学习项目有效的认可程序,如承认高等教育机构能够满足现行质量标准和劳动力市场要求,以及确保高等教育机构具有教育、专业或职业学位的授予权。

2. 许可证指授予高等教育机构拥有工作权利的文件。

3. 质量评估指对研究计划、教学及机构工作环境进行认证或评估的程序,确保相应的程序能够与欧洲高等教育区的私立机构进行合作。

4. 文凭指某人已经完成完整的高等教育而获得的相应资质的公开证明材料。

5. 文凭补充材料指能够有助于深入了解学历获得者在学习期间所达到的学习水平、其学习的性质、内容、系统和规则及所取得的成果的文件,同时该文件是根据欧洲高等教育区的基本模式确定的。

6. 公开有效的教育计划指得到认证的教育计划。

7. 欧洲高等教育区指签署《博洛尼亚宣言》(1999年)国家的高等教育机构总称。

8. ECTS指欧洲学分转换系统。

9. OTEF指工程设施的维护服务。

二、行政机关对于实施高等教育的责任

(一)黑山政府

第九条 黑山政府

黑山政府(以下简称"政府")的职责包括:

(1)确定黑山的高等教育发展战略;

(2)依照本法建立公立高等教育机构;

(3)依照本法确保为公立高等教育的教学、科研、艺术工作提供财政支持;

(4)确保公立高等教育机构资源能够为残疾学生提供平等接受高等教育的机会;

(5)政府可以参与资助私立高等教育机构和在这些院校注册的学生;

(6)任命高等教育委员会委员;

(7)执行本法规定的其他活动。

(二)教育科学部

第十条 教育科学部的职责

教育科学部的职责包括:

(1)提出发展战略,追踪高等教育发展情况;

(2)为高等教育机构颁发、变更或撤销许可证;

(3)规定高等教育机构颁发的文凭及文凭补充材料的内容和形式;

(4)为公立高等教育机构招生政策提出建议;

(5)确定高等教育经费标准提案;

(6)为学生财政资助模式提出建议；

(7)鼓励与欧洲高等教育区之间及国际间学生和学术人员的交流；

(8)采用国际认可的学术及职业协定或公约,向公众提供国外相关信息,将高等教育机构纳入欧洲高等教育区的高等教育质量认证中；

(9)确保高等教育入学机会平等,教职工职业发展机会平等及高等教育其他方面的平等；

(10)为高等教育机构提供国际合作的机会；

(11)执行本法规定；

(12)根据本法实行行政管理；

(13)执行本法规定的其他活动。

(三)高等教育委员会

第十一条 为进一步推动高等教育发展,政府应组建高等教育委员会。

第十二条 高等教育委员会的责任

高等教育委员会分析高等教育的现状和成就,向政府提出专家建议,并拥有以下几方面职责：

(1)筹备高等教育发展战略的提案；

(2)对确定、变更和撤销许可证明的程序提供意见；

(3)为学术职称评审提出标准和意见；

(4)为确定高等教育融资程序提供意见；

(5)结合专业需要和国际规定,确定评估研究项目的标准；

(6)定期审查已经获得认证的高等教育机构,为首次认证或重新认证的高等教育机构颁发证书；

(7)执行本法规定的其他活动。

第十三条 高等教育委员会关于高等教育质量的责任

1.高等教育委员会应负责黑山境内高等教育的质量。

2.高等教育委员会应推进高等教育机构发展,改善和保证高等教育机构相关活动的质量。

第十四条 高等教育委员会的构成

1.高等教育委员会由政府任命的11名成员组成,任期6年。

2.高等教育委员会成员中有6名应由大学提名的高等教育、科技、艺术领域知名专家构成,由大学任命,其他5名成员应来自经济、人文以及相关机构,依照高等教育委员会任命办法进行任命。

3.根据高等教育委员会任命办法,高等教育委员会半数以上的成员可以连任。

4.在授权期满前,根据个人要求,政府可解除高等教育委员会成员的任职。

第十五条　高等教育委员会的工作

1.高等教育委员会的工作是公开的。

2.高等教育委员会应将得出的结论、建议和意见公开。

3.高等教育委员会应组成专门的工作组,对高等教育机构、学习方案进行评估和认证,并就某些活动领域成立工作实体、委员会和独立专家组。

4.外聘专家可以被任命为高等教育评估委员会成员以及研究项目成员。

5.国家预算应为高等教育委员会工作提供财政支持。

6.教育科学部应为高等教育委员会开展专家性和行政性活动提供帮助。

7.工作条例应进一步明确高等教育委员会的组织和运作程序。

三、机构

(一)通用条款

第十六条　高等教育学位的获得

1.高等教育学位应在本法认可的大学或其他机构中获得。

2.除本条款另有规定外,本条第1款所述的机构是指公立或私立的机构,并且在完成注册后可获得法人资格。

第十七条　机构名称

根据本法规定,机构名称由创始人确定。

第十八条　机构自由

1.根据本法规定,机构应当提供教学,其中大学应在许可限定范围内从事科学研究。

2.应有专门法律规范高等教育机构的科学研究。

第十九条　机构权利

1.依照本法规定,机构拥有以下权利:

(1)在许可限定范围内进行高等教育创新;

(2)提供任何程度的学习计划,以完成高等教育目标或获取足够的知识;

(3)自主研发课程和研究课题;

(4)自主确定需要学习的课程和研究的项目;

(5)确定招生条件、教学方法及对学生进行知识评估的条件;

(6)自主选择管理和治理机构,并确定其构成、活动范围和任务;

(7)选举学术人员和其他工作人员;

(8)颁发荣誉称号。

2.学术人员和学生应按照本法和机构章程规定行使权利。

第二十条　房产的不可侵犯性

未经机构或机构管理部门代表的允许,高等教育机构的房产是不可侵犯的,除非因为自然灾害等不可抗力或本法中有其他规定使房屋安全遭到威胁。

第二十一条　财产

1. 政府作为创始人,不动产和其他财产用品的所有权均属于国家。
2. 本条第1款规定的不动产未经创始人许可的情况下不得被征用。
3. 本条第1款所述的不动产和其他财产仅用于执行本法所规定的活动。
4. 执行机构活动的无形资产和其他财产属于获得该财产的机构。

第二十二条　自治

在执行本法规定的活动时,机构应:

(1)根据本法拥有产权;
(2)有权聘请学术人员和其他工作人员;
(3)按照本法和机构章程规定机构内部组织;
(4)可获得一定利润使机构能够实现教育和科研的目标;
(5)与黑山其他机构签订合同;
(6)与国际机构签订合同;
(7)享有执行活动时所需的其他权利。

第二十三条　学术自由和免受任意制裁

1. 机构应通过章程确保学术自由,例如确保组织和结社自由,保护学术人员不受任何歧视。
2. 学术人员和学生具有本法规定的权利和自由,应根据机构规定的方式行使上述权利和自由。

第二十四条　科研自由

根据大学使用知识产权的相关规定,由政府组织成立的大学的学术人员拥有出版研究成果的自由。

第二十五条　许可

1. 在黑山建立提供教学的机构应有工作许可证。
2. 根据本法规定,教育科学部应颁发本条第1款所述的许可证。
3. 教育科学部应为符合标准和规范的机构颁发许可证。
4. 许可证规定了机构的类型和学习计划,并根据研究明确学生入学人数的上限,以及授予学位和文凭的权利。
5. 根据以下标准和规范颁发许可证:

(1)房舍和设备充足,包括教室、实验室、图书馆及电脑设备;
(2)学术人员的数量和资质;

(3)学生课外活动的场所;

(4)财务情况。

6.在获得高等教育委员会首次认证的证书后,机构才可获得许可证。

7.高等教育机构在获得本条第1款所述的许可证后方可引进新的学习课程。

8.教育科学部结合高等教育委员会意见,确定颁发、变更许可证的标准和规范,以及撤销许可证的规范程序。

第二十六条 认证

高等教育委员会应颁发认证证书。

第二十七条 初级认证

1.在经过学习计划评估、专业需求达到标准后方可获得初级认证。

2.申请初级认证的机构应至少提前一年向高等教育委员会提出申请。

3.本条第1款所述的初级认证有效期为3年。

4.在获得认证前,机构不得自行录取、教学和考试。

第二十八条 重新认证

1.机构的学习计划必须在5年内进行重新认证。

2.机构应在学习计划的质量评估报告基础上,根据高等教育委员会规定的标准和程序进行重新认证。

3.本条第1款期满后,如机构无法获得重新认证,则撤销其许可证。许可证的撤销结果不可更改。

第二十九条 学习计划的改变

获得许可证的机构可以在不通过认证的情况下进行30学分以下的学习计划修改。

第三十条 自我质量评估

1.机构执行自我评估的程序,即对所学课程和工作环境进行质量评估。

2.根据机构章程,机构应不断进行自我评估。

3.自我评估方法取决于课程、教学设备、学术人员资格、教学方法、通过考试学生百分比、毕业生百分比以及机构工作成绩等其他指标。

第三十一条 外部质量评估

高等教育委员会对每一个项目进行课程质量评估,该评估应在指定的5年期限内由特定课程的专家机构执行。

第三十二条 公共利益

为了公共利益,教育科学部会要求高等教育机构进行课程创新,从而获得资助公立学校教师职称的资格。

(二)公立高等教育机构

第三十三条

1.政府根据高等教育委员会的提案成立、合并或关闭公立高等教育机构。

2.高等教育委员会应从初级认证证书和完成本法第二十五条第4款条件的证明两方面对设立公立高等教育机构提出建议。

第三十四条

1.如公立高等教育机构发生变化或倒闭,高等教育委员会将征询该机构管理部门的意见。

2.如果公立高等教育机构发生倒闭或合并,政府应对倒闭或合并的高等教育机构的财产和债务等问题进行处理。

第三十五条

1.如果公立高等教育机构倒闭,在决定关闭的学年里,该公立高等教育机构不得招收新生。

2.在本条第1款情况下,政府有义务使仍在该机构学习的学生在机构成立时所规定的时间内完成学业。

第三十六条 大学

1.大学指完成教学、科研和艺术创作的自治机构。

2.大学促进高等教育、科学、职业和艺术发展,大学具有增进知识,丰富学生思想,提升学习成绩,为学生职业活动做准备,推动黑山经济、社会、科学和文化发展,推进民主发展和实现高质量教学与科研的目标。

3.根据本法和组织总法实施科学研究和艺术活动。

第三十七条 "大学"称号的保护

机构具有大学的地位,即在其名称中使用"大学"一词,需在以下7个领域中至少开设3个不同领域的课程:社会科学、人文科学、工程学、自然科学、艺术、医学、法律和经济科学。

第三十八条 大学的组织

1.大学以院系、二级学院作为组织单位完成活动,并完成特定的学习计划。

2.大学具有法律实体的地位。

3.根据本条第1款,大学的组织单位不具有法律实体的地位。

4.根据大学章程,大学可以根据本条第1款将某些权力移交到组织单位。

第三十九条 其他机构

1.政府可以通过其他私立高等教育机构授予专科、本科或硕士学位的文凭。

2.本条第1款所述机构不能是院系和其他类似的组织单位。

3.本条第1款也适用于公立高等教育机构。

第四十条　其他学习组织方式

1.政府成立的大学,经政府同意后可与国内外机构或国际组织进行研究合作。

2.本条第1款提及的研究合作中,公立大学有权提供双文凭或联合文凭课程。

(三)私立高等教育机构

第四十一条　基金

私立高等教育机构基金可由国内外的实体或法人筹建。

第四十二条　工作的启动

私立高等教育机构在获得许可证和进行认证后可以开始工作,可按照许可证的要求宣传和招收学生。

第四十三条　国外认证的审查

获得另一国家或组织认证的私立高等教育机构有义务向高等教育委员会提交认证证书,高等教育委员会可根据颁布的法律开展评估程序。

第四十四条　财务担保

1.私立高等教育机构申请获得许可证,除满足第二十五条规定外,私立高等教育机构还应当提交工作计划,包括创始人的至少3年的财务担保。

2.私立高等教育机构的许可证要求:如果私立高等教育机构停止运行,应为所有已经注册入学的学生学习提供财政支持。

第四十五条　停止工作

私立高等教育机构只能在学年结束时停止工作。

(四)组织机构

第四十六条　大学管理机构

1.理事会是大学的管理机构。

2.理事会负责大学的整体运行。

3.理事会最多包括15名成员,理事会由学术人员、非学术人员、学生、创始人和外部公众代表组成。

4.理事会成员总人数中至少有三分之一为外部公众代表,这些成员主要从相关专业或实践知识人员中任命。

5.理事会的权力、数量、构成、任务期限、任用和解聘方式以及工作方式和决策方式由大学章程做进一步规定。

第四十七条　公立高等教育机构的管理机构

1.公立高等教育机构章程规定理事会为非大学的公立高等教育机构的管理机构。

2.大学章程严格规定了理事会的权力、数量、构成、任期、人员解雇方式以及工作决策方式。

第四十八条　年度工作报告

理事会有义务公开关于该机构工作的年度报告,向政府或高等教育委员会提交所有重要信息。

第四十九条　大学的管理主体

1.校长是大学的管理主体,政府是创始人。
2.根据本条第1款,大学可设置副校长职位。
3.校长由理事会根据议会提案在大学教授中选举产生。
4.校长负责大学高效率和高质量地运作,并负责董事会决定的业务政策中的管理工作。
5.校长的选举程序、权力、任期以及其他问题均由大学章程规定。

第五十条　大学组织单位的管理主体

1.按照本法第三十八条第1款规定,大学组织单位的管理主体为院长或主任。
2.大学章程具体规定了本条第1款所述管理主体的任命、选举、任期期限等其他问题以及第1款中涉及的其他问题。

第五十一条　大学的专业机构

1.大学的专业机构指评议会。
2.根据大学章程规定,评议会包括校长、副校长、教职工代表、非教职工代表和学生代表。
3.大学章程详细规定评议会人员的权力范围、数量、构成、选举方式以及决策方式等内容。

第五十二条　公立高等教育机构和大学组织单位的专业机构

1.公立高等教育机构(非大学)的专业机构由该机构章程决定。
2.专业机构的选举、任命、任期以及其他问题,应由该机构章程做进一步规定。
3.本法第三十八条第1款所述的大学组织单位的专业机构指高等教育委员会。
4.大学章程将对本条第3款所述专业机构人员的选举、任命、权力范围、任期等其他问题做出详细规定。

(五)章程

第五十三条　机构章程

1.章程是机构的主要法案,对机构执行活动的重要问题做出规定。
2.机构章程应获得管理机关同意。

第五十四条　公立高等教育机构章程

1.公立高等教育机构章程应当对以下内容做出规定:
(1)公立高等教育机构的基本组织;

(2)公立高等教育机构工作的部门和方式;
(3)学术型和应用型学习文凭的获得;
(4)科研工作的开展;
(5)与学术职称评定相关的程序;
(6)工作人员和学生行使权利和义务的方式;
(7)工作人员和学生的组织;
(8)财务控制;
(9)档案管理模式;
(10)与公立高等教育机构运行相关的其他问题。
2.公立高等教育机构的章程应由政府批准。

第五十五条 私立高等教育机构章程

1.私立高等教育机构通过章程或其他立法独立规定其治理和管理模式,使学术职员、学生代表能够参与到与其利益密切相关的决策中。

2.私立高等教育机构的章程应对私立高等教育机构的权力、数量、构成、任期、解除方式以及决策方式等做更为详细的规定。

四、经费

(一)公立高等教育机构的经费

第五十六条 经费的一般原则

公立高等教育机构的经费应来自以下途径:
(1)分配给科学研究、艺术的预算资金;
(2)学生支付的学费和其他费用;
(3)知识服务和其他服务所收取的费用;
(4)捐赠、礼物和遗产;
(5)与国际、州和私营实体合作的旨在促进教学、研究和咨询活动项目的收入。

第五十七条 公立高等教育机构的权力

1.公立高等教育机构可以在高等教育领域签订合同。

2.在下列条件下,为了实现教育或科研目标,公立高等教育机构可以将资源投入经济活动:
(1)在未经政府同意的情况下,财政预算的资金不能被使用;
(2)来自财政预算的资源不会受到任何风险影响。

第五十八条 临时性财政

如果公立高等教育机构没有完成重新认证,依照本法规定,政府可以暂时为其提供资金,直到机构再次获得认证。

(二)提供资金的方法

第五十九条 筹集资金的规范和标准

1.根据高等教育委员会的提议,政府应采用公立高等教育机构获得资助的规范标准,并为教学和科研制定资源分配的方法。

2.本条第1款所述的方法尤其适用于投资和现有资源的分配。

第六十条 确定学生人数

在划拨用于教学的资源时,政府根据公立高等教育机构有效许可证规定的最大数量,确定预算中资助特定课程学习的学生人数。

第六十一条 资金条款

公立高等教育机构用于教学和研究的资源,政府可以规定其使用的具体条件,如:

(1)征用、使用和处置土地、建筑物和设备;

(2)规定的学生学费和其他费用的使用;

(3)转移分配给课程学习的资源。

第六十二条 其他资金来源

满足以下条件,政府不能做出限制公立高等教育机构根据章程通过其他渠道筹集资源等规定:

(1)不会对由财政预算提供的教育质量产生消极影响;

(2)资金不影响公立高等教育机构开展业务。

第六十三条 资源回报

1.如果审计机构发现资源被滥用,政府可以要求归还已经分配的资源。

2.在财政年度结束时,来自财政预算但未动用的资源应转入已经核准的发展项目的预留资金。

第六十四条 管理主体的问责

根据本法,公立、私立高等教育机构董事会对所分配资源的合法使用负责。

第六十五条 审计

1.独立的内部和外部财务控制是为了公立高等教育机构的运行。

2.公立高等教育机构章程规定内部财务控制的方式。

第六十六条 独立审计

1.在执行外部审计时,政府可委派审计人员对任何高等教育公立机构的财务状况进行审计。

2.当执行本条第1款财务管理时,公立高等教育机构的管理机构有义务配合合作。

第六十七条 营利性活动

1.公立高等教育机构应促进教育研究的应用,以便为机构获得盈利。

2.文学、艺术科学工作、科学创新、项目创新、材料或产品,公立高等教育机构事先需要征得政府的同意,上述内容由财政预算直接或间接提供资助。

(三)私立高等教育机构的资助

第六十八条　政府资助

根据高等教育委员会的提案,私立高等教育机构可获得用于公益性教学和研究的政府资助。

第六十九条　规范和标准

根据高等教育委员会的提案,政府批准私立高等教育机构获取资助的规范和标准,并规定私立高等教育机构开展特殊课程或学习计划资源的分配方法。

第七十条　资助条款

1.政府可以规定分配给私立高等教育机构进行教学和研究工作的资源的具体条件,并要求私立高等教育机构提交下一个开展活动的财政年度预算。

2.私立高等教育机构应对政府负责,合法使用和分配政府拨出的、有特定用途的资助,应该提供财政账簿和记录以便政府查阅。

五、特许权

第七十一条　特许权的授予

1.公开有效的教育计划的特许权,可授予本法规定的能够提供高等教育的机构、境内或外国法人或自然人。

2.本条第1款所述的特许权,在公平竞争的基础上,由政府进行授予。特许协议在特许权的基础上规定了权利和义务。

3.授予、取消和剥夺特许权的程序由专门协议规定。

第七十二条　特许协议

特许协议应特别明确:
(1)特许经营课程的类型和数量;
(2)特许经营课程的活动范围;
(3)特许期开始的时间;
(4)取消特许权的时间通知,通知应在完成研究所规定的2年内下达;
(5)剥夺特许权的规定;
(6)活动所需资源应由特许公司提供;
(7)监督履行特许协议义务的方式;
(8)特许活动的其他重要问题。

第七十三条

规范公立高等教育机构工作的条款应适用于特许工作。

六、学术人员和学术学衔

第七十四条 学术人员

根据本法,学术人员是指在机构中开展学习计划或从事与开展学习计划相关工作的人员。

第七十五条 学术学衔

1. 学术学衔有:
(1)教授;
(2)副教授;
(3)助理教授;
(4)应用研究大学的教授和讲师。

2. 本条第 1 款所述的学术人员由理事会根据公开竞聘原则任命,任期为 5 年,不包括被任命为终身全职教授的学术人员。

第七十六条 聘请学术人员的条件

1. 获得博士学位并拥有良好教学记录的人员都可被任命为全职教授、副教授、助理教授、应用研究大学的教授或讲师。

2. 任何获得高等教育学位,获得艺术工作认可及拥有业界认可的艺术能力的人都可以获得艺术专业的学术职称。

3. 任何拥有高等教育学位的人均可根据相关机构章程被任命为学术人员。

4. 除本法第七十四条、本条第 1~3 款规定的条件外,学术人员必须符合特定职称的任命条件。

5. 在获得委员会意见后,由理事会通过的符合本条第 4 款所述的标准,必须具有国际可比性,并应将该标准公开。

第七十七条 任命程序

1. 任命和再任命学术人员的程序,拟定任用标准以及其他相关事宜由公立高等教育机构章程规定。

2. 学术人员职称评定时,公立高等教育机构的章程可允许国际专家参与。

第七十八条 非学术人员的条件

关于权利和义务等一般性规定适用于该机构的非学术人员。

七、研究型组织

第七十九条 学位与文凭

1. 高等教育机构根据其章程授予学生许可证书中规定的学位和文凭。

2. 颁发或撤销学位和文凭的条件、方式和程序由高等教育机构章程规定。

3. 本条第 2 款所规定的撤销为最终决定,具有法律效力。

第八十条　学习计划

1.本科生：

(1)获得学术学士研究称号；

(2)获得应用学士研究称号。

2.研究生：

(1)获得专业硕士研究称号；

(2)获得应用硕士研究称号；

(3)获得科学硕士学位。

3.获得哲学博士学位。

第八十一条　学位和文凭类型

在高等教育机构获得的学位和文凭如下：

(1)应用型本科学位文凭——高中毕业后，完成应用取向的学习计划(3年的学习计划)；

(2)学术型本科学位文凭——高中毕业后，完成学术取向的学习计划(至少3年的学习计划)；

(3)专业硕士学位文凭——完成1年的学习计划并获得应用本科或学术本科文凭；

(4)应用硕士学位文凭——完成2年的学习计划并获得应用本科学位或完成学士学位课程；

(5)科学硕士学位文凭——完成2年的学习计划并完成至少5年的学术本科课程；

(6)哲学博士学位文凭——经完成3年的学习计划，完成博士论文答辩。

第八十二条　学习课程

高等教育机构可以自主确定学习计划和学习方案，并根据透明、公正、可用的原则确定考核方案。

第八十三条　欧洲学分转换系统

1.高等教育机构为学生获得本科学位和文凭而开设的课程必须灵活设计，使学生能够根据学分分配或根据个人所获成绩，在适当节点进入或退出教育过程。在制定学习规则时，公立高等教育机构应开启欧洲学分转换系统。

2.每年的学习计划应达到60学分。

第八十四条　入学

1.学生在公平竞争基础上，根据中学考试成绩可以获得参加公立高等教育机构的应用型本科学习课程或学术型本科学习课程的资格。

2.根据公立高等教育机构章程，特殊课程的录取可引入额外条件。

第八十五条　专科入学资格

根据本法规定,学生在公平竞争基础上,根据应用本科和学术本科毕业考试成绩,获得在公立高等教育机构学习专科课程的资格。

第八十六条　研究生入学资格

学生根据学位考试成绩或本法规定的同等考试成绩,获得研究生入学资格。

第八十七条　入学竞争

根据高等教育机构章程应号召公立高等教育机构采用公平竞争方式录取入学。

第八十八条　入学限制

1.高等教育机构录取的学生人数不得超过许可证规定的人数。

2.如符合条件的候选人的数量大于公共财政资助的承载量,则候选人可以通过付费方式参加学习。

3.对于支付学费且成绩优异的学生,公立高等教育机构可以在第二年或者以后的学习年度对其进行公共财政资助。

第八十九条　招收留学生

根据本法和高等教育机构章程,外国公民同样可以进入黑山高等教育机构学习。

八、学生

第九十条　学生身份

学生身份指学生获得进入符合条件的高等教育机构学习课程的身份。

第九十一条　学习协议

1.学生应与公立高等教育机构就学习达成协议,该协议对学生的权利与义务做进一步规定。

2.本条第1款所述的协议内容由教育科学部规定。

第九十二条　学生的权利

1.学生具有以下权利:

(1)参加讲座、研讨会和其他形式的教学;

(2)使用高等教育机构提供的图书馆、电脑和其他服务;

(3)依照本法和高等教育机构章程规定的其他权利。

2.本条第1款所述权利由高等教育机构章程做进一步规定。

第九十三条　学生的特殊权利

学生拥有对教学质量及公立高等教育机构学术人员水平发表观点的权利。

第九十四条　学生义务

学生有以下义务:

(1)重视并参与学术活动;

(2)遵守相关规章制度;

(3)尊重教职员工和其他学生的权利。

第九十五条　保护学生

学生有权在有管辖权的法院质疑公立高等教育机构的决定或行为。

第九十六条　终止学生身份

1.学生身份终止:

(1)根据本法及其他相关规定,如果学生未能在学习期间获得相应的成绩,权力机构可以终止该学生的学生身份;

(2)辍学;

(3)通过毕业考试获得相应的学位后。

2.若学生因学术或纪律原因辍学而进行投诉,则由公立高等教育机构章程对是否终止学生身份做进一步规定。

3.根据本条第1款,失去学生身份的人员有权向理事会提出申诉。

4.根据本条第3款,理事会的决定为最终决定。

第九十七条　开除学生

1.理事会有权开除学生。

2.学生可对本条第1款决定向理事会提起申诉。

3.根据本条第2款,理事会的决定为最终决定。

第九十八条　对学生的财政支持

政府可向学生提供足够的财政支持,用以支付公立和私立高等教育机构的学费和其他费用。

第九十九条　公立高等教育机构的资金支持

公立高等教育机构可以对学生进行非财政资源的资金支持。

第一百条　费用的收取

1.经政府部门同意,董事会决定公立高等教育机构的学费。

2.董事会应根据本国学生和外国留学生的不同身份以及不同课程来确定不同金额的学费。

第一百零一条　公立高等教育机构只可收取入学、重修和文凭管理等行政费用。

第一百零二条　与学生有关的权利是不可转让的。

第一百零三条　学生的权利标准

1.公立高等教育机构的学生享有以下权利:

(1)在宿舍内居住和饮食;

(2)申请学生贷款；

(3)获得奖学金；

(4)住在其他城市或城市郊区的学生享有公共交通补贴；

(5)参加职业培训；

(6)健康保护。

2.教育科学部规定符合本条第1款规定的权利的标准、条件和方式。

第一百零四条 学生宿舍

1.学生的住宿和饮食应在学生宿舍进行。

2.教育的一般规定适用于一切与学生宿舍运行有关的重要问题。

第一百零五条 学生组织

公立高等教育机构章程应保证能够建立一个或多个代表学生利益和满足社会、文化、学术需求和健康、娱乐需求的组织。

第一百零六条 学生会

1.学生会是学生组织的制度化形式。学生会自主安排工作并负责保护学生的权益。

2.本条第1款所述的学生会是指由学生代表组成的内部组织。

3.更细致的学生会的职权、任命方式以及工作组织由公立高等教育机构章程做进一步规范。

第一百零七条 对学生组织的财政支持

公立高等教育机构可以为建立学生组织提供财政支持，包括建筑和设备的投资。

九、同等学力认证

第一百零八条 认证

鉴于学生享有接受继续教育和获得就业的权利，应承认经认证后的外国文凭与国内文凭具有同等学力。

第一百零九条 同等学力

鉴于学生在相应的教育项目中获得继续教育的权利，应承认经认证后的外国文凭与国内文凭具有同等学力。

第一百一十条 授权

即同等的外国文凭认证由大学和教育科学部授权完成。

第一百一十一条 教育的可比性

1.在认证过程中，应确定获得外国文凭的国家教育体系、教育计划、教育计划的录取条件，获得该国家文凭的权利以及其他重要情况，还应明确文凭的等效性。

2.如果在认证过程中，如果确定了国外教育系统与黑山教育系统存在明显差异，则应对没有得到相应文凭的学生进行额外的考试和审查。

3.本科学习文凭的认证可以由国家或国际认证机构或由黑山认可的机构进行。

4.如果对外国高等教育机构的证书进行认证,则该认证机构必须得到欧洲大学联盟的认可或经国家认证。

第一百一十二条　条款

关于认证同等学力的内容应写在外国证书原件的背面或翻译副本上。

第一百一十三条　程序的确定性

认证结果具有法律效力。

第一百一十四条　法律的适当执行

在认证期间,实施一般行政管理程序,本法另有规定的情况除外。

第一百一十五条　注册

1.外国文凭生效时,应给予注册登记。

2.根据本条第1款经授权的高等教育机构负责保留注册信息。

第一百一十六条　其他规定

认证的程序、方式及保存注册信息的方式应由高等教育机构行政部门通过专门法规确定。

十、档案和公开文件

第一百一十七条　记录

1.高等教育机构应保存学生登记册、发放文凭和文凭补充信息的记录和考试记录。

2.学生登记册和发放文凭的记录要永久保存。

第一百一十八条　公布文件

1.高等教育机构应当公开一些基础数据。

2.有关本法的公开文件,如学生用书、文凭和文凭补充信息、通过考试的证书和完成学业的证书。

3.教育科学部对保存记录簿和公开文件内容提出具体规定。

十一、监督和刑法规定

第一百一十九条　监督

教育科学部应当监督本法的实施。

第一百二十条　违法处罚

1.在下列情况下,机构应当处以相应的罚款,如:

(1)违反本法第二十五和第四十二条有关机构运行规定;

(2)违反本法第三十三条、第三十四条、第三十五条停止工作的规定;

(3)根据本法第五十三条在未获得同意情况下实施章程规定;

(4)违反本法第五十七条投资资源的规定;

(5)违反本法第六十一条关于机构自己营利的规定;

(6)违反本法第十九条关于招收学生条件的规定;

(7)违反本法第七十九条颁发学位和文凭的规定;

(8)违反本法第八十四、八十五和八十九条录取学生的规定;

(9)违反本法第八十八条关于招收学生数量的规定;

(10)违反本法第九十一条与学生签订学习协议的规定;

(11)违反本法第一百条关于向学生收取学费的规定;

(12)违反本法第一百零一条关于收取行政费用的规定;

(13)违反本法第一百一十一条关于外国学位的认证和同等学力的规定;

(14)违反本法第一百一十七条和一百一十八条关于保存记录,发布公共文件的规定。

2.对于机构管理主体和负责人应当按照本法第1款的规定处以相应的罚款。

十二、过渡和结束条款

第一百二十一条 成立委员会

1.在本法生效之日起3个月内应成立委员会。

2.在委员会成立之前,科学教育部应履行委员会职能。

第一百二十二条 细则

1.本法自实施之日起的180日内通过。

2.除非违反本法,否则本法生效前的规定仍适用。

第一百二十三条 黑山大学有效许可证和认证

1.自本法生效之日起,黑山大学应被视为拥有学习课程的有效许可证。

2.根据本条第1款,学习计划进行重新认证应在2007年9月1日前完成。

第一百二十四条 协调高等教育机构工作

1.根据现行规定提供高等教育的现有机构及其他容纳高等教育职能活动的机构(图书馆、学生宿舍等),应在本法生效之日起的180日之内,根据本法进行调整。

2.在通过本条第1款的一般规定前,现行成文法仍然适用,违背本法的情况除外。

第一百二十五条 物理治疗学院

现有的物理治疗学院在2005年前仍将继续工作,其组织地位遵守本法相关规定。

第一百二十六条 研究机构的协调工作

根据本法规定,以下高等教育机构应继续作为大学组织单位进行工作:

(1)波德戈里察历史研究所;

(2)科托尔海洋生物研究所;

(3)波德戈里察生物技术研究所；

(4)波德戈里察外国语学院。

第一百二十七条 《黑山大学章程》

1.《黑山大学章程》应在本法生效的90日内通过。

2.《黑山大学章程》生效后,相关院系和学院的其他章程将失效。

第一百二十八条 理事会及董事会章程

1.根据本法规定,理事会与董事会应在本法生效之日起180日内完成选举。

2.在本条第1款所述的部门成立前,黑山大学现存部门(理事会和教学与科学委员会)应继续履行其职能。

3.根据本条第1款所述的理事会选举完成后,黑山大学院系和学术部门的工作将终止。

第一百二十九条 在截止日期之后,根据本法第一百二十三条和一百二十四条的规定,现有私立高等教育机构将被排除在波德戈里察省商务法院记录中心的记录之外。

第一百三十条 管理与治理主体的现状

1.通过有效程序任命的人员(黑山大学的校长、副校长、秘书长、院长、副院长或主任)应在本法通过之日继续履行其职能,直至其任职期满。

2.如本条第1款所述的人员任命程序在本法实施前已经确定,则应当根据本法实施前的规定完成任命。

第一百三十一条 公开文件

按照原有规定,高等教育机构应当以大学法规定的格式向有权发布公共文件的人员发布公开文件。

第一百三十二条 获得教育的同等性

根据高等教育相关规定获得的教育学历等同于根据本法获得的大学教育学历。

第一百三十三条 职称的认可

本法颁布之前获得助理教师职称的人员仍然保持其所获职称,直至任职期满。

第一百三十四条 教职工的地位

在本法通过前选出的学生代表和教职工应继续任职至任职期满。

第一百三十五条 在本法生效前启动的获得博士学位和硕士学位的程序,应当按照其原规定完成。

第一百三十六条 认证程序

在本法颁布之前启动的认证程序,应按照原认证程序规定完成。

第一百三十七条　学生地位

1.在本法颁布之前,就读于黑山大学的学生应继续完成其课程。

2.学生可以根据本条第1款的规定加入根据本法组织的学习课程,学习方式由理事会通过专门法规确定。

第一百三十八条　法律有效性的终止

自本法实施之日起,以下法律失效：

(1)《大学法》；

(2)国外获得学历证书和文凭的认可及等效法的规定；

(3)《学生基本权利法》涉及学生权利等相关规定。

第一百三十九条　生效

本法自公布于黑山政府公报的第8日起生效。

北马其顿

北马其顿，全称北马其顿共和国，位于欧洲的巴尔干半岛中部，西临阿尔巴尼亚，南接希腊，东部与保加利亚，北部与接塞尔维亚接壤。国土面积为 25 713 平方千米，气候以温带大陆性气候为主、人口为 207.7 万(2019 年)。主要民族为马其顿族(64.18%)、阿尔巴尼亚族(25.17%)、土耳其族(3.85%)、罗姆族(2.66%)和塞尔维亚族(1.78%)。官方语言为马其顿语。居民多信奉东正教，少数信奉伊斯兰教。

议会是北马其顿公民代议机构，行使国家立法权。实行一院制，由单一选区加比例代表制选举产生，即全国分为 6 个选区，每个选区直选部分议员，同时根据各党得票比例对议席进行分配。议会还为北马其顿籍海外侨民预留 3 个议席。共有 120 名议员，任期 4 年。2019 年 2 月 12 日，北马其顿政府宣布正式更改国名为"北马其顿共和国"。北马其顿的司法机构设宪法法院、普通法院和检察院。普通法院分初级(区法院)、中级(地区法院)和最高法院 3 级。2004 年 8 月，北马其顿议会通过《新行政区划法》，共设 85 个地方行政单位。北马其顿首都为斯科普里，人口 63 万(2019 年)。

近年来，随着国内外环境的改善和各项改革措施的推进，北马其顿经济有所恢复和发展。主要工业部门有矿石开采、冶金、化工、电力、木材加工、食品加工等。

北马其顿普及九年制义务教育。2019 年，教育经费占财政开支的 11%，教育经费约占 GDP 的 3.7%。2017—2018 学年度共有初级学校(小学和初中)在校学生 193 689 人，中等学校(高中、职业学校)在校学生 71 944 人，高等学校在校学生 56 941 人。主要高校有：斯科普里大学、比托拉大学、泰托沃大学等。

注：以上资料数据参考依据为中国外交部官方网站北马其顿国家概况(2020 年 10 月更新)。

马其顿教育发展战略（2005—2015 年）[①]

一、战略目标

发展教育和改善公民生活是马其顿教育科学部的一项社会责任。教育科学部所采取的活动是长期的、强有力的，对公民的生活产生直接影响的。教育科学部在教育培训、研究、发展和促进文化传播方面所创造的条件和机会，对受教育群体的生活至关重要。

《马其顿教育发展战略（2005—2015年）》（以下简称《教育发展战略》）明确了国家对教育的长期发展规划，实现《教育发展战略》中所提到的愿景、概念和价值，适用于所有公民和参与者。

《教育发展战略》关注教育科学领域、地方领域、社会和国际环境等方面的变化，并设立相应目标。《教育发展战略》着重于管理和指导教育发展过程，这对组织监测活动的发展非常重要。组织的特点和效率是实现预期目标的关键因素。

二、挑战

计算机技术和现代信息系统的发展引发了人们生活领域的一场革命。经济生产的方式已经从标准化的手工生产转变为知识生产和商品服务。随着通信系统的发展和公民的国际流动，世界各国经济、政治、文化合作关系加强，加速了世界政治一体化进程。经济、政治、文化和生态全球化已成为世界各国发展的基本影响因素。

国家在高层次领域讨论了以下问题：政治问题、职业和劳动智能化问题、高失业率问题、贫困率增长问题、人权问题（保护儿童、贫困、边缘化和被歧视群体）、多元文化问题、人口过剩问题、社会和医疗保险问题。

随着经济、政治、教育和生态全球化，马其顿与世界其他国家的合作进程加快，无论是人力资源还是物力资源都成为马其顿的挑战，它们都是实现国际合作目标的先决条件。教育研究的创新以及基于知识技能的商品发展，都是竞争过程中不可分割的一部分。高标准教育研究的发展、创造力的强化、多元文化的培养以及信息通信技术的使用促进了马其顿的国际发展。

马其顿需找到解决问题的重要方案，如促进经济发展，推进民族文化融合和政治经济一体化进程。在教育领域中与欧盟和世界其他国家的合作将会加强国家竞争力。

[①] 注：2019年1月，北马其顿议会修宪，将国名"马其顿共和国"更改为"北马其顿共和国"。本发展战略颁布时国名为"马其顿共和国"，保留原文件使用名称。

马其顿积极参与全球化进程意味着在教育领域需要承担一定的全球责任。在这方面,教育科学部将负责实现和世界其他国家签订的发展教育的国际文件中所规定的目标,遵循其原则和采纳其建议。《联合国千年发展目标》《稳定公约》《博洛尼亚宣言》(1999)都是联合国教科文组织"千年发展目标"的重要目标文件。马其顿教育科学部将通过实施《教育发展战略》来努力实现这一目标。

在发展与合作日益国际化的今天,马其顿也在不断变化的过程中致力于以多元价值的精神进行变革,培养民主精神。马其顿努力建立国家和国际合作的跨国机制,满足国际合作需要,建立新的价值体系,从而协助找到解决国内教育问题的途径,扩大福利范围,确保每位公民都有机会根据自己的生活条件在职业晋升方面做出多方面选择。

国家将为学生提供接受教育的机会,培养和发展他们的能力,尊重他们的兴趣,让他们做出正确的选择,通过接受教育实现他们的人生价值。

马其顿人口年龄结构变化表明,除了罗姆族等少数民族,大部分民族每年的出生率都在下降。这一趋势决定了马其顿制定教育政策的重点,即为学生提供网络教育服务,促进学生能力发展。此外,失业人员的增多和年轻人参与工作的机会减少也影响了教育需求的结构。

《教育发展战略》面临的主要任务是提高教育水平,重点是提升学生的专业能力和社会能力。终身学习和培训有助于建立教育与劳动力市场和社会变化之间的动态关系。教育为持续改善学生的能力创造条件,为他们从学习到工作、改变工作岗位、积极参与民主决策提供一个更好的起点。

实现这一目标的前提是提高那些提供教育文化和体育服务人员的素质和能力,并建立相应的机制,提高学生的生活能力和质量,促进他们身心健康发展。

按照国家经济发展的长期战略,区域层面的经济发展战略是有必要的。为了增加就业机会,必须实施教育领域的变革。因此,就业将不仅取决于经济增长率或劳动力市场的需求,也取决于区域层面实现教育政策的效率。国家的经济文化发展将取决于国家对教育的重视程度。这是满足全球经济需求和不可阻挡的信息技术进步的唯一途径,因为教育会对各领域的专业概况和知识生产工作产生影响。

信息技术的频繁使用和迅速发展已经是现代社会的基本特征。信息产业的发展,尤其是计算机技术的进步,在很大程度上影响了人类活动的各种形式,信息素养是学生应该具备的关键能力素养之一。

马其顿在其发展计划中,不仅应该在所有活动领域中确定新的信息技术实施情况,还应挖掘信息技术人员的潜力,加强信息技术教育和培训专业部门为学生培训或传播计算机知识,实施新的信息技术,促进义务教育中的信息教育发展,以提高教育制度的效率。信息技术知识的使用是学生能力的重要组成部分,也是在劳动和社会生活领域有效活动的条件。

马其顿未来应该在国民经济中创造一个基本稳定的环境,实现经济增长,提升公共和私营部门的能力,建立有效的立法机制。

这些目标的实现直接取决于国家支持教育培训、实施高新技术、提高公共部门的工作效率和工作标准的决心。因此,国家应通过调查现有的和可替代的资金来源,建立一种用于教育和研究的资产机制,来修订人力资源开发的筹资制度。

鉴于国家对教育和研究资金的投入持续减少,地方和国际组织在教育和研究领域开展的活动和项目应得到重视。为了弥补资金短缺,有必要在政府部门与非政府组织及国际组织之间建立协调关系。国家要和非政府组织及国际组织在教育优先上保持高度一致。因此,国家可以有效利用教育投资,确定由公共、私营和非政府部门提供的服务类型,这些服务将与国家的战略决策息息相关。

鉴于保健、退休和经济投资行为筹集资金的需求增加,预计融资教育预算将永久性减少。根据规划融资教育预算和替代资金来源现状,确定在地方自治制度下经济和服务的发展方向非常重要。

让受教育群体融入社会决策进程中将是关键问题。未来国家必须加快努力,将让受教育群体参与社会领域活动,包括文化体育活动和各种其他青年活动,提高其自愿参与程度。国家通过活动增强社会包容性,影响公民价值观的发展和推广,使受教育群体更好地组织和管理自己的生活。从社会融合和参与决策过程的角度来看,教育机构的作用至关重要。正因为如此,政府及其所有机构和个人,应加大力度支持教育机构的发展。

教育发展战略旨在提高国家标准与欧盟及其他国家标准的相容性,促进社会的民主进程,发展自由的市场经济。为了有效实现这一理念,国家应努力将教育作为促进社会各领域进步的重要因素和文化管理方式。

三、愿景

马其顿正努力成为欧洲和全球受到尊重和公平待遇的成员,这是它的定位。它坚定地走在现代国家的发展道路上,教育、培训、文化、科学和创新是提高公民福祉和加强国民经济的关键因素。

四、任务

《教育发展战略》有一个使命:发展教育制度,帮助马其顿在全球范围内,尤其是欧洲,在政治和经济一体化进程中成为享有平等地位的、受尊重的成员,并有效利用教育、政治、文化和经济全球化带来的好处为预防不良后果创造条件。《教育发展战略》试图通过建立一个长期发展方向发挥其使命,并在以下重点战略领域采取有效干预措施:

(1)为全民提供平等地接受教育的机会;
(2)促进生活文化的形成;
(3)提高公民的社会参与度;
(4)提高社会的教育、文化和经济能力;
(5)促进国际合作发展;
(6)变更管理体制。

五、依据的价值原则

作为马其顿政府的组成部分,教育科学部负责上述领域的教育、科学、体育和国际合作的发展。教育科学部的战略是传播终身学习理念,通过促进教育,为获取和传递知识创造有利条件,提高社会包容度,增强学生的社会参与能力,支持公民的倡议,在政府和非政府部门之间建立平衡关系,并最终实现全面参与实现总体幸福理念的进程。

马其顿公民的社会、文化、身体和精神健康是《教育发展战略》所遵循的价值原则。公民的繁荣也意味着整个国家的繁荣,反之亦然。因此,发展有能力、有创意、有公民意识和有道德的人力资本,是影响国家社会、政治和经济发展及其国际地位的关键因素,也是《教育发展战略》的优先目标。

《教育发展战略》以知识、民主、公平、宽容和人道等现代文明价值观,为教育和整个国家的发展确立主要方向。在明确的目标框架内,《教育发展战略》遵循马其顿教育发展的一般原则,包括公民责任、与劳动力市场相联系等原则。

六、涉及的关键领域

(一)全民教育

马其顿采取措施,保证每位公民不被他们的年龄、性别、国籍或宗教信仰所限制,都享有平等接受教育的权利。马其顿政府与教育科学部负责为每位公民提供平等接受教育的条件。

1. 目标:为全民提供接受教育机会

《教育发展战略》的目标是为每位公民提供适当的接受教育机会,并确保公民拥有符合社会和劳动力市场需求的知识、技能和态度。因此,无论年龄、性别、宗教、种族、健康状况和财政状况如何,国家都必须对居住在马其顿的每位公民提供教育。此外,教育和培训必须可以有效实现,以便它们能够提供普通教育和专业教育。

教育必须具有一种动态和灵活的结构,为学生和教学人员的流动提供机会,通过清晰明确的机制,满足个人和整个社会不断变化的需求。此外,教育必须克服导致学生缺勤和辍学的因素。

马其顿将为公民创造平等享有接受教育的条件,平衡城乡环境之间的差异,以及发达和不发达城市之间的差异。应当特别注意下列领域的差异:教师的素质、研究条件、基础设施的充分性、人员的可获得性等。

因此,国家将改善农村地区的学习条件和基础设施,扩大教育水平不发达地区儿童的入学人数,并鼓励在这些地区工作的教师。加强现有专业人员的专业化制度,完善学生的交通服务工作。

教育科学部将为残疾儿童平等享有接受教育机会提供系统的解决方案。完善教育机构的基础设施和人员编制,对教学工作人员进行专业培训,为残疾儿童提供合适的教育。

2. 教育领域的权力下放

关于教育(特别是学前教育、小学教育和中学教育)条件的最新研究表明,这一领域的关键问题在于权力的集中。这导致教育机构在做出决定时存在复杂的官僚程序,无法适应环境的动态变化。教育科学部在选择教学和管理人员的程序时,专注于权力点,职业素质的考察被边缘化。将政党、民族和个人利益作为关键标准,即实际利益和需求的边缘化。

学校、家长和当地社区的有效运作,学校发展计划的设计和实施,都会受到复杂的官僚程序和寻找替代资金来源机会的限制。权力集中的组织会产生程序上不健全的资产分配运作方式。由于教育机构在与地方和国家经济主体建立合作关系方面的自主决定能力有限,所以会对教育机构的课程设计产生较大影响,阻碍了教育和劳动之间的联系。

教科书的选择也是在权力高度集中下产生的,这导致了教科书在设计、印刷和发行领域的垄断。因此,在学习资源与学习者以及学习地区之间的教学基本原则遭到了破坏。因为教育系统的中央集权,教育机构成为教育政策的直接"兜售者",并没有在其专业领域中发挥创造者的作用。

马其顿将采取一系列举措来解决由大规模中央集权的教育组织所引发的问题。教育领域权力下放问题(如教育质量的提升、教职员工的专业技能的提升、财政问题)的相关责任下放给地方以及学校。地方和学校层面的责任增加,中央层面的责任将会相对减少。这些调整包括:

(1)实施新的地方自治法和财政法,加强教育行政管理;
(2)改善中央一级对教育的管理和治理,包括战略和理念的制定;
(3)开发更为有效的财政规划、分配及管理系统;
(4)提高地方和学校层面的管理能力,提升学校和地方政府相关人员的专业素质和工作效率;
(5)明确定位和重构中央、地方和学校三级管理机构的职责;
(6)建立学校培训系统,为校长提供学校管理的相关培训;
(7)利用现有行政机构的监管部门对学校评估的能力进行评估。

教育领域权力下放政策的实施,明确了国家和地方政府的在教育方面各自应负的责任。为了更有效地发挥政策作用,在权力下放的过程中,国家除了完善相应的法律,还需建立国家质量控制的指标、机制和手段,为保证教育机构地位及其责任提供基本标准。政府对教育机构的质量进行外部控制,为地方机构(包括所有的教育机构和地方行政部门)提供条件保障。权力和责任从国家一级转移到地方一级时,应当关注以下方面:

(1)管理中小学的责任移交到地方政府,地方政府将成为学校资产的拥有者,要为学校制订年度财政计划,采用年终审计制度,影响教育委员会代表的选择,任命候选人,维护学校网络等,以上职责意味着地方政府拥有开设和关闭学校的权力;

(2)将维护教育机构的责任移交给学校和地方政府；

(3)将教育的部分财政责任移交给地方财政预算；

(4)将对教育过程质量的监督和内部控制的责任移交给教育机构、家长和地方政府；

(5)为个人资本投入教育创造条件和机会；

(6)为学校和地方利益相关者能够更多参与地方课程的设计创造条件和机会；

(7)在教学、行政和人员管理过程中，赋予教育机构更大的自由，地方利益相关者、家长应强制性参与管理过程；

(8)遵从市场规律，设计、印刷和发行教科书和教具；

(9)当教育服务的自由市场形成时，将教师培训和人员管理的责任移交给由通过项目认证的培训教师和校长等相关人员组成的教育服务组织。

在教育领域权力下放的情况下，国家应该承担以下责任和义务：

(1)立法；

(2)在中央财政预算拨款基础上以区域补贴的形式分配给市政府经费；

(3)监管教育机构外部工作的质量；

(4)实施与监管入学考试和高考；

(5)制定教育标准，即引入有效的教育机构指标；

(6)为教学、管理和专业人员提供培训方案；

(7)为教师和校长提供技能、职业工作和专业职称的许可证书；

(8)确立国家利益，即建立每个教育机构都必须执行的国家课程；

(9)公共融资。

教育领域权力下放将反映地方政治和行政权力中心的地位和作用的变化，地方政府需要承担教育问题的融资责任。财政问题将是地方自治必须解决的关键问题之一。随着国家财政的逐渐减少，包括教育发展在内的城市发展中最沉重的负担将落在地方预算上。地方预算能在多大程度上承受竞争发展的压力，取决于地方发展计划的质量、地方经济的发展情况，以及税收政策的实施情况。

地方政府要对从中央向地方转移的劳动力和服务提供者负责，这将影响劳动人口与地方劳动力供应之间的平衡，为受教育群体提供教育机会。一方面，受教育群体在教育和就业领域的选择机会可能会存在问题，这些问题很大程度上取决于政府的权力和满足受教育群体工作需求的能力。另一方面，不仅在教育和劳动力供应方面，而且在其整个经济和文化发展领域都会增加不平等性。所以国家的优先目标将是建立一个有效的教育、文化和体育服务网络，这是作为国家发展的先决条件和教育领域权力成功下放的基础。然而城市的发展并不仅仅取决于机构能力的加强，还体现在研究创新结果、教育和经济合作质量、信息与通用技术的使用、人类能力的发展与资源高效利用等方面。

为了促进地方经济的均衡发展，国家必须加强信息和通信技术的引进和使用，因为信息和通信技术对教育、研究、文化和娱乐机构运作非常重要。鉴于教育发展与城市发展水平有关，有必要完善经济与教育之间的合作关系，包括信息和通信技术使用的范围、质量、程度。

国家必须促进教育机构在城市发展过程中的作用。教育机构必须加强活动，在更广泛的社会环境中发挥更有效的影响。教育机构应转变成监测机构，不断地指出城市发展弱点，并刺激环境变化。发展国际合作，并长期坚持提高政府的吸引力和地位，从而在当地利益相关方之间建立积极的合作关系。国家必须向全民提供广泛的优质教育服务，使每个人都有机会证明和表达自己。教育、体育和青年中心应该向公众开放。国家保证公共图书馆、儿童和青少年教育中心以及成人教育机构的地位，投资公共文化中心的发展，支持举办教育和文化活动的倡议，促进合作关系。

所有地方公共教育、文化和体育机构的准入将得到国家和地方各级合作机制的保障。地方政府应履行其对教育、文化和体育机构网络保护，以及对创建立法和实施国家资助制度的责任。立法的公正性和有效性非常重要，因为这为平等的原则提供了保障，同时可以创造条件和机会，让公共服务提供者获得开放的机会，不受限制地引导和鼓励学生做出选择、完成学业和取得资格。

未来教育系统面临的巨大挑战将是为成人创造一个广阔的教育服务市场。对劳动和公共生活领域的要求要准确定位，即制定成人教育立法和支持成人教育计划实现的举措。

3. 融资

教育投资、培训、科学研究可以提高生产力和提升国家竞争力，是国家有效发展的基本因素，所以应保证教育科学部的资金以及为其提供大量财政支持。但是公共资产提供资金有限，考虑到将资产分配给成人教育和培训以及公共研究的额外压力，需要增加预算给教育科学部，并寻找其他资金来源。

教育科学部将努力确保教育收入更高，资产分配更公平，开展更好的协调活动，减少不必要的开支，与地方政府和国际基金会协调合作，与非政府部门的合作以及国内专家开展联合活动。

在教育领域权力下放的情况下，确定一个透明的筹资体系非常重要。尽管农村地区的教育经费较为昂贵，但不能损害农村学生接受教育的机会。因此国家将有效地、公平地、公正地进行资产分配，以客观标准关注各市镇人口状况，特别是实际财政状况。国家应加强对每个直辖市的税收管理和社会政策的落实，包括引入提升质量的筹资系统，减少教育机构中低质量的工作，坚持财政分配必须尊重优先考虑国家首要事项的原则。

将中央预算中用于教育的资产分配给市政府作为部分补贴。这些资产根据以下实际情况合理分配：学生人数、基础设施状况、外部考察确定的教育工作质量和学生的垂直流动性。

4. 提高人口的教育水平

未来国家要面临的关键挑战是提高人口的教育水平、职业能力和社会能力。马其顿人口教育结构的数据分析表明,15岁以上公民中约有一半是没有接受过教育或只接受较低教育水平(文盲,不完整的小学教育或仅仅完成小学教育)的人。在劳动技术持续现代化的情况下,这种教育结构是造成失业人数增加和国家经济疲软的真正原因。

马其顿大多数失业人员的受教育程度较低,其中62.05%的失业者是女性,67.57%的失业者只完成小学或更低水平的教育。造成人口教育结构状况不佳的原因有很多,但最主要是学生入学率不高。中小学学生辍学,某些种族群体的传统价值观将教育的重要性边缘化,不重视技术的发展,依旧容忍接纳教育水平不高的工作人员等。教育科学部将采取措施减少不参加任何教育机构的儿童人数。

国家必须尽快解决劳动者教育水平较低、不符合现代劳动需求的问题,提高教育机构的质量,建立寻找未融入教育系统的儿童的机制,让这些儿童重新融入教育系统。

近期有必要把活动的重点放在实现两个全球目标上:

(1)提高未纳入教育系统的受教育群体的教育水平,并加强对其职业能力和社会能力培训;

(2)消除产生新一代教育能力欠缺的人的可能性。

第一个目标意味着需要开展提高人口对教育重要性认识的活动,积极将政府和非政府部门纳入提高人口教育水平和能力的行动中,启动教育和培训失业人员的资助方案。

第二个目标意味着要采取措施消除导致学生辍学的原因和无法获得教育的障碍。国家将扩大学前教育的入学率。低入学率表明大量儿童没有进入正规教育系统。研究表明参加学前教育的儿童在继续教育方面会取得更好的成绩,而且不容易中途放弃。所以教育科学部将努力增加学前教育入学率,同时将学前教育纳入其部门管理。未来教育科学部将与社会劳工政策部合作,开展提高学前教育机构质量和吸引力的活动。儿童的早期发展将是教育科学部的优先事项之一,非政府部门也应贡献力量。

未来扩大高等教育入学率是非常重要的。目前马其顿每10万居民中有2 212名大学生,在欧洲国家中排名最低。在2015年之前教育科学部将采取措施,增加大学招生人数,达到每10万居民中拥有3 500名学生的数量,从而达到欧洲发达国家的最低水平。国家将采取措施提高高等教育的吸引力和质量,给予高等教育机构更多自主权,设立高等教育机构的规范和标准,国际合作和国际师生流动将受到鼓励。

国家将促进高等教育进程中现代化信息和通信技术在教学中的应用。政府与高等教育机构合作,增加教育、文化和体育活动。教育科学部在未来期间的首要任务和主要目标将是支持、鼓励和促进落实《博洛尼亚宣言》(1999)在马其顿高等教育中的原则和建议。未来教育科学部将通过系统措施改变中小学教育结构,克服青少年在接受教育过程中产生的困难。进行系统干预,首先要考虑的是义务教育的时长问题。

5. 延长义务教育时间

全球化进程的加速,劳动和工作的现代化,提高了世界各国的教育水平。各国在人口教育方面承担的责任日益增加,作为国家责任体现最明显的形式是义务教育年限的普遍延长。过去义务教育只是涵盖初等教育,而现在更多的是在更高的层次上设置,并且涵盖中等教育。人们认为中等教育是每个公民应完成的最低限度的教育阶段,以便能够积极地进入社会开展工作。因此在世界上比较发达的国家,义务教育的期限为9年、10年、12年或更长。义务教育的期限和结构在很大程度上取决于国家的经济实力、政治特点和教育政策的愿景。

除了上述全球趋势外,还可以提出下列理由延长马其顿义务教育年限:人口教育结构不健全;学生离校率高;需要加强工作能力的人口较多。最大的问题是大部分儿童的初始知识能力都较低且选择接受继续教育人数欠缺以及初中入学率相比小学减少。只接受过初等教育的人给劳动力市场的发展带来了压力,这种结构导致了失业人数的增加。

马其顿将采取行动延长义务教育期限。教育科学部将建立九年制义务教育制度,在义务教育制度中纳入学前教育。

随着义务教育年限的延长,预期:

(1)学生学前教育的入学率将从83.23%增加到100%;

(2)人口的教育结构将会改善;

(3)基础教育程度将会加强;

(4)职业教育机会将会增加;

(5)接受中等教育的途径将会简化;

(6)接受教育的连续性将会增强;

(7)农村环境的教育能力将得到提升。

实行什么类型的九年制义务教育?无论是"3+3+3""5+4""4+5"或"6+3"的模式都将取决于国家现有的教育状况(可用的物质和人力资源),以及所希望解决的问题的性质。实施义务教育模式的方法将由教育科学部另行决定。

(二)促进文化生活的形成

教育能够培养生活文化和促进知识技能形成,教育是实现独立学习、生活管理、自我实现和自我提高的重要因素,因此发展教育有利于马其顿公民的智力发展和身体健康。社会环境的变化将促进学生终身学习和自我完善理念的形成。

1. 目标:加强智力发展

加强智力发展的最大任务在于加强教育培训、文化和体育活动,确保每个人能够积极地工作、生活和参与社会活动。

一个有知识、有技能的个人具备对当前社会环境进行分析的能力,随时准备为国家的发展做出贡献。学校通过教育活动为个体提供知识和技能储备,以便个体更好地生活和发展。文化、体育和艺术活动为个体提供了接触新鲜事物和接受不同价值观的机会,有利于自我丰富和促进社会发展。未来国家会支持和协助有关教育、创新、文化、体育和艺术活动组织倡议的实施。

2. 建立有效的教育机构

受教育权是教育科学部和国家应该尊重的最高权利。未来国家将采取措施落实相关国际文件,进一步提高教育质量。提高学校标准,保障小学和中学安全的环境,提供优质教学和相关的知识、培训技能;提高学生的知识储备,从而为小学和中学提供生活文化。

生活文化是个人通过获得集体经验、个人兴趣需要以及生活价值观从而提高生活质量的过程。中小学有责任发展和促进改善学生的生活方式,使其符合个人需要和兴趣。

教育科学部与地方政府合作,制定监测儿童进出教育系统的机制,促进利益相关者积极参与侦查已离校或从未入学的儿童的流动过程。提高学校工作质量,建立完善有效的指标,包括学校基础设施、教学、师资队伍和与当地社区合作等关键领域。这些指标将作为对某一特定教育机构工作质量的内部和外部控制指标。

有效的学校实践可以促进和监督社区内儿童的权利和福利保障的落实;寻找和发现没有接受教育的儿童,帮助他们入学;倡导儿童积极主动学习,优先考虑儿童的需要。学校联合所有积极的项目成果,尊重差异,适应不同性别和不同文化背景儿童的需要,提升学生解决问题的能力、批判性思维和创造力。

学校建立的目标:
(1)促进学生获得成功;
(2)改善儿童的健康和福利;
(3)扩大教育儿童的入学率并提高其学业完成率;
(4)提高教师教学的动力;
(5)为儿童提供安全有保障的环境;
(6)获得当地社区的支持;
(7)鼓励社会参与学校实践。

3. 促进教学和学习发展

关于教学和学习过程的研究表明,目前教学和学习过程出现的一系列不一致情况阻碍了教育现代化进程。教师关注的是某一教学大纲及其内容,而不是学生。教师的注意力在于自己的教学方式,而不是自己的教学对学生在获取知识、技能培养和态度建设方面有什么影响,对学生在现实生活中所学到的知识、技能和态度的运用方式关注较少。

迄今为止,学校采取的干预措施对教学和学习方式影响较小,教师几乎没有变化。教师鼓励学生用记忆的方式学习,而不是通过培养对问题的理解来学习,培养顺从而不是批判性思维,被动接受而不是主动创造,以教学任务为中心而不是注重互动教学,以及现代教具、信息系统使用不足等。

教师的工作评价体系对上述情况负有责任。教师仅仅是根据教学大纲进行评估,而没有关注教师是否成功地实现了教学目标,并对学生进行了某些改变,即不关注学生已经获得了多少知识和技能，以及这些知识和技能对学生有什么影响。教师的成功取决于学生的成就。评估系统只关心学生"复制"教学大纲内容的技巧和能力。

这种教学方法主要是对学生所学到的知识进行充分的监控、检查和评估。学生个性、兴趣、态度、信念和其他特征很少被考虑在内。因此，对学生成绩的整体评价，仅仅是对教学材料任务的实现，而忽视了教学功能等其他方面。

未来教育科学部将采取措施修改教学大纲，努力实施基于能力标准的学习成果概念，坚持推动教学现代化。这意味着：

(1)修订有关专业学科和教学领域的教学大纲；
(2)设计以目标为导向的教学大纲；
(3)明确区分一般和特定的知识和信息；
(4)培养学生在教学大纲框架内预期获得的技能。为达到此目的，必须抛弃所有不必要的重复和不相关的信息，以免这些信息使教师和学生任务量超负荷；
(5)建立教学大纲之间的连续性；
(6)建立明确的评价体系；
(7)定义用于记录学生成绩水平的具体活动；
(8)介绍一套教学与学习质量控制体系；
(9)以互动教学原则为基础，以培养创新学习、批判性思维、解决问题的能力和实施现代教育技术为重点；
(10)介绍日常生活所需的知识。

基于能力为标准的学习成果概念将提供：

(1)确定现有课程并设计适当有效的评估体系；
(2)根据确定的战略和目前要求，重新系统地设计课程；
(3)从教学转到学习，强调学生的学习内容和技能；
(4)教学大纲的连续性；
(5)在多个学科中建立重要优质的教学大纲，避免不相关的重复的材料；
(6)学生学习过程的复杂方法；
(7)教师的现代教学和学习方法的实施；
(8)提高学生的生活质量，掌握终身教育的技能和习惯；
(9)培养学生个人创造性和批判性思维。

4.完善初级培训和教学管理人员专业化制度

为了在教育实践中满足兼容性、现代性和效率性标准的需要，教师需要提高工作质量，特别是教学过程的质量，这在一定程度上决定了国家教育政策创新的方向。教学人员被置于现代化建设的中心，需改进和提高教学工作的效率。因此，由于教师的地位和作用，强调教师需要一定的资格，即教师要掌握在教育理论与实践领域的知识，尊重和应用现代概念的技能。

为满足提高教师素质和实现永久教育流动的需求，为那些由于失业导致知识和技能大幅度下降的失业教师创造条件，提升教师初期培训质量，是教育科学部的优先任务之一。通过提高教师的社会和经济地位，来增强教学行业的吸引力。

教育科学部将确定成功实施教学的指标，即职业和专业教学能力将成为一个框架，在这个框架内，将开展对学前教育、中小学教育和专业化教师的初步培训。这种标准化将为认证机构的职业教学提供机会。每位教师必须拥有反映他们执教能力的许可证。为此目的，有必要扩大提供教育服务的合格供应商，为小学和中学教育工作人员提供专业化培训。

为了提高教师工作质量，教育科学部起草了对中小学教育法律的修订，从而使教师执教表现更好，更加有序、透明和系统化。因此，教师评估将使用明确的效率指标；将采用严格的程序对未来教师的能力进行考核，使教师专业发展有一个系统化的框架和法律依据。

为了加强对中小学教师激励，教育科学部将进行法律改革，把职业发展制度在全国推广。这种制度不仅能明确教师的职称（助教、教师、学术顾问），而且也能区分他们的工资所得。每一个职称都意味着不同程度的职业和专业能力，教师的教育流动性和继续教育领域的动态流动将增强。

加强教育领域权力下放可能使教师的工作更有活力。地方政府对学校工作质量相关的问题负有更大的责任和义务，并以教学人员对教学大纲的完成质量为标准。对学校管理人员的初步专业化培训将是教育科学部的活动之一。将为教师和校长确立他们的职位考核指标，依据这些指标对工作人员进行初步培训，提高教师和校长的职业能力。预计这项措施将消除初期专业化培训过程中存在"垄断"的可能性，并为有能力的人提供更多选择的机会。获得的能力将得到核实，并将受到国家的许可。只有拥有正式执照才能担任学校管理人员职务。

5. 保证和监控教育质量

教育科学部将采取措施对马其顿教育系统的质量进行永久的保障和监控。国家教育督学、教育研究所和国家考试中心将在这一进程中发挥关键作用。

在教育领域权力下放的过程中，教育检查非常重要，它的直接责任是保护所有人接受教育的权利；在国家和地方各级教育机构中保障国家利益分配和教育法规实施的公平性。国家教育督学还将在学前、小学和中等教育中实施国家质量监控。教育研究所中的雇员将会参与其中。为此，教育科学部将采取行动，加强对学前、小学和中学教育工作人员的培训。

国家教育督学将与教育研究所合作，主要体现在对马其顿教育机构的法律、规范立场和国家课程实施质量的监控上。马其顿的教育研究所与国家考试中心合作，将在其能力范围内负责制定国家标准以保证监控教育质量。在高等教育中，评估和认证机构将承担这一职责。教育质量监控将从国家和地方两个层面实施。

国家层面的教育质量监控将由国家质量评估机构通过定期检查学校的工作,即通过对学生、教师和管理层的外部评估来进行。地方层面的教育质量监控将是地方政府和教育当局与机构开展活动的一个组成部分,将负责监督、维护和改善中小学校的质量衡量指标。教育过程的质量、效率和有效性以及学生的成绩属于地方政府的责任范围。

实现自我评价和建立教育质量指标将是学校和地方政府的一项长期任务。地方政府必须与教育学院合作,以发展和确保教育质量。地方政府通过向学校和教师提供专业的咨询帮助,并与学校的教学和心理服务中心进行长期合作,以达到国家教育质量标准。高等教育质量将由大学内部控制。

6. 将正式和非正式教育联系起来

不少受教育群体很难有效地参与决策和管理的过程,很难自觉融入社会,他们需要接受正式教育。因此国家将采取措施加强正式教育机构与非正式教育机构之间的合作。政府部门与非政府部门将建立一个有效的联系机制,并在发展教育过程中成为关键伙伴。因此建立政府与非政府部门之间的动态合作和分工至关重要。

正式和非正式学习之间的联系在不断增加。事实上,除了正规和有组织的教育之外,人们在工作中、家庭中以及通过业余爱好和志愿活动学到的东西必须得到尊重。加强正式与非正式学习之间的联系有助于提高我们掌控个人生活、智力进步和感知幸福的能力。正式教育系统的发展将使人们对非正式教育有更多的了解。

7. 促进终身学习

终身学习的目的是培养积极的学习方法。教育科学部将努力为持续学习和自我发展创造积极的气氛。这意味着增加教育流动的机会,实现教育机构和社会生活领域的需求之间的动态合作。国家应积极动员那些由于各种原因缺乏适应能力的人群,例如失业者和文盲等。教育部门、非政府组织和志愿者协会的各种主题之间的合作对于实现教育流动非常重要。因此,国家将大力支持非政府组织和志愿协会在终身学习领域开展的活动。为了成功地实现终身学习的理念,儿童和青少年很有必要在基础教育中获得持续学习的技能和习惯。

8. 成人教育

从工作能力、社会凝聚力的实现和生活质量的提高等方面进行分析,提高成人的工作和社会能力变得很重要。考虑到影响现代生活的劳动力的动态变化,以专业知识为基础的岗位激增,国家必须建立一个由正式和非正式教育服务提供者组成的学习网络,将教育对现代生活和工作的重要性进行宣传和强调。

即将采取的措施:

(1)降低成人的文盲率,特别是男、女文盲率之间的差距;

(2)扩大成人基础教育;

(3)为成人提供改善其生活质量所需的知识和技能;

(4)增加选择受教育的机会;

(5)发展符合社会凝聚力的成人教育;

(6)为教育和培训创造机会,以满足不同群体对现有和潜在劳动力的期望和需求;

(7)教育和训练成人在劳动和生活领域的动态变化。

教育科学部将把重点放在支持所有旨在防止专业和社会排斥的倡议,通过促进终身学习和工作保障,提升人民福祉。

(三)提升公民社会参与度

在每个社会中,实施民主进程的成功与否主要取决于公民社会参与度的高低。现代民主社会为每个人或每个群体提供了广泛参与社会的机会。教育科学部的主要目标是通过对教育系统的干预和对非正式教育形式的支持使受教育群体能够自由地参加社会活动。

1. 目的:提升公民社会参与度

提升公民社会参与度是维持和加强民主的唯一条件。不断加强公民参与和影响行政决策的积极性是加强民主和促进社会发展的重要措施。

教育、文化和体育活动是促进提升公民社会参与度的关键因素。因此,教育科学部将采取行动确保教育为年轻人提升公民社会参与度的知识和技能。树立正确公民价值观将成为课程和课外活动的一部分,被纳入学前、小学、中学和高等教育的课程。

社会化必须成为教育战略的组成部分,主要是由于对某些价值观有计划、引导和控制的需要。这有助于恢复学校的主体地位,使学校成为创造和传递价值观的主要机构。这个过程必须从学前教育开始,包括以下方面:

课程维度,即教学内容,主要是教科书,其中社会化必须是主要的标准之一。在评估教科书和学校其他文学材料时,传达价值观的分析将占主导地位,而不是只注重文学和美学标准。一定要根据类型、数量和与之对应的年龄群体来选择文学材料。其他文献必须涵盖教科书中缺乏的价值观。必须使用其他传达价值的方法(插图、讨论、实践)。

注意公民教育,特别是有关人权和儿童权利的领域,因为已有研究表明中学生群体在该领域中存在着巨大的知识空白。学校将恢复公民教育作为积极社会价值观的来源和媒介的主导地位。这意味着要强调和尊重亚文化多样性,而不是损害文化传播的凝聚力。既要展示历史和传统的知识和信息,又要面向现代的全球一体化进程。

课外维度,即实践价值观,主要包括:

(1)通过特别强调人权的实践来开展支持某些价值观的活动;

(2)引入一种新方法,以确保价值观的内在化;

(3)教师培训至关重要,主要是为了在人权的理论背景与特定社会实践中的应用之间建立联系。

2. 为志愿活动创造条件

教育科学部将支持正式和非正式教育部门的倡议,特别是在体育和文化活动领域。

国家特别关注多元文化的形式和活动,力求提高社会凝聚力和促进社会联系,鼓励多元文化间的交流。

公民活动的组织和开展将受到保护。国家将建立相关活动的条例,以防止任何环节出现异常情况。国家必须宣传这种活动的重要性,必须提高地方政府对受教育群体社会福利的重要性的认识。

3.预防社会排斥

日益严重的社会经济危机和社会阶级分化加剧了对某些群体的社会排斥程度。与此同时,这类群体的数量也在增加。由于社会组织形式单一,越来越多的青年人被排除在积极参与社会进程之外。在马其顿,非政府部门在这方面所能提供的机会是有限的,而且还不够普及。

国家将采取行动以便改善下列形式的社会包容度:
(1)在教学过程中促进社会参与度;
(2)在教育过程中加强非政府组织提供机会的可能性;
(3)非政府组织部门在教育过程中的义务实践;
(4)为社会组织提供激励;
(5)引导青年组织中的成员实现与年龄和组织性质相适应的价值观;
(6)将鼓励自愿工作作为促进和改善社区情况的一种方式;
(7)在教育体系中,失业者将成为非政府组织的合作伙伴,而不仅仅是旁观者。

国家有必要鼓励学生参与整个教育过程,参与教育相关决策,参与教学内容和教学人员评估。

教育负责为学生提供管理和经营生活的知识和技能。预期将通过加强教育领域的包容性来减轻社会排斥。这种安排需要发展政府部门与非政府组织和志愿组织之间的合作。增加参与志愿工作的儿童和青年人的数量将是政府和非政府部门今后的任务之一。

国家将特别注意消除学生在升学和毕业后就业过程中出现的不适应现象,有特殊需要的儿童将受到国家的保护。国家将采取行动将他们纳入各级教育体系中。国家将增加面向这类儿童的教学工作人员的培训。

今后国家将采取行动增加所有年龄群体的受教育机会,不论他们的性别、社会地位、健康状况和民族状况,以便在教育、文化和体育活动中实现自我。

(四)提高马其顿的国家竞争力

马其顿的经济和社会发展状况取决于生产动态和应用新知识的程度。提高其国际竞争力需要在四个关键过程中加以观察:增强教育力量、培育和传播文化、鼓励研究和创新。教育科学部将采取行动为发展这些重点领域的举措提供奖励和支持。

1.目标:加强科研创新体系建设

加强科研创新体系,将有助于在全球经济中取得竞争力。国家应增加研究和发展资金,教育科学部将采取行动在利益相关者之间建立一个平衡、灵活的合作体系,努力增加对国际研究和创新网络的参与程度,加强研究基础设施建设。在教育科学部的优先事项中,艺术和文化领域的研究同样受到鼓励,将被视为加强国家能力和丰富社会创新基础的重要战略因素。

2. 信息社会的发展

国家将努力为信息社会的发展创造条件。新的信息和通信技术必须渗透到社会生活的各个领域,在技术发展与智力发展之间取得平衡。教育科学部将努力加强在教育系统中引入新的信息技术,以便提供功能训练,即年轻人应用电脑的能力,为一个充满新资讯科技的社区提供服务;促进教育发展,特别是完善特殊学生群体的教育制度以及发展公民政治意识。

国家将采取行动改进国际和国家信息系统和数据库,为教育机构提供优质设备,使其具有现代的信息技术,加强与信息系统之间的联系。同时,国家将建立全面和透明的教育数据库,发展教育服务和通过新媒体传播文化遗产。最后,信息技术领域中人力资源的发展将为信息社会的发展提供条件。教育科学部将在正式和非正式教育中,完善信息学领域工作人员能力的指导方针。

3. 将教育研究与劳动力市场联系起来

教育研究必须与劳动力领域不断变化的需求相协调。这些需求很大程度上取决于教育政策的特点和内容以及教育培训计划。教育部门应加强与工商界合作,改善教育研究与劳动力市场的联系。

教育系统将建立与劳动力市场相联系的结构。教育制度绝不能只注重新劳动力的加入,对离开教育机构的劳动力市场参与者的关心也不能停止。教育制度的现代设置必须遵循灵活性、功能性和开放性原则。它必须关注教育的正规参与者、就业者、失业者和所有需要教育升级的人。教育系统将伴随着劳动力市场所需要的能力动态变化。所以教育系统的运作需要重新设计课程和教学大纲。课程的主要功能必须是在学生、一般知识、专业知识之间建立统一关系,并辅以某一专业或职业能力标准。

当前的经济需求永远无法通过孤立的教育体系来解决。教育服务必须与教育服务的世界联系。因此,教育科学部将创造条件使教育与社会对话成为协调教育和劳动力市场需求的基础。

(五)促进国际合作

马其顿的发展重点是将其自身纳入欧洲和全球一体化进程。马其顿的主要目标是建立共同的价值基础来管理有关全球化的发展问题。马其顿决心加入欧盟,将开创一系列合作机会。教育对提升国际竞争力具有关键作用。

1. 目标:民主和可持续的教育

马其顿与其他国家的关系在教育、科学和文化方面不断出现新的挑战。马其顿的国际声誉将通过积极的教育、科学和文化方法获得保障。这种发展理念旨在确认和巩固马其顿作为一个负责任国家的国际地位。教育制度的现代化以及民主原则和价值观的结合是实现这一目标的首要条件。马其顿通过提升面对和管理国内及国际问题的能力,促进国家的开放性和可获得性以及灵活性,随时准备进行合作,不断提升国际竞争力,有助于建立国家形象和国际声望。

教育科学部也将致力于加强国家机构和项目层面的国际合作,学校将加入国际学生和教师交流国际项目,促进全球一体化进程发展。

2. 加强高等教育发展

高等教育是任何国家发展不可分割的一部分,因此需要加快转变整个高等教育体系,克服已有缺点,实施国际公认的准则和标准,提升国际认可度和竞争力。

以前州立大学是满足劳动力市场对高学历人员需求的大学。然而,全球化进程在很大程度上改变了这种关系。今天的劳动力市场建立了新的关系,超越了狭隘的国家领域,并将其范围扩大到国际领域。劳动力市场需要灵活变化的教育供应,只有灵活和有活力的教育机构才能做到。因此,国家高等教育机构必须克服惯性和刚性,必须发展一种新的组织结构与劳动力市场的整体变化相适应。

全球化进程加速增强了国际合作的需要,而高等教育的角色和结构的创新是实现国际合作的重要因素。高等教育战略方针的转变不仅是国家变化的结果,更是全球整体影响的结果。

2003年9月19日,马其顿成为欧洲国家大家庭的正式成员,并承诺遵循《博洛尼亚宣言》(1999)的建议,决定共同建立统一的欧洲高等教育领域。国家对《博洛尼亚宣言》(1999)的承诺,使高等教育在进一步转型中面临新的挑战。

除了提高研究质量和效率之外,高等教育还面临着组织结构和课程设计的挑战,这些设计在欧洲学术服务市场上将具有透明性、竞争性、兼容性、可识别性和广泛性。作为《博洛尼亚宣言》的签约国之一,为了实现《博洛尼亚宣言》(1999)中产生的目标,马其顿教育科学部已承诺在21世纪前十年调整其政策:

(1)采用容易识别和可比较的学位制度,引入文凭补充材料,以实现欧洲公民的就业流动和增强欧洲高等教育体系的国际竞争力;

(2)培养本科生和研究生,进入研究生学习的先决条件是完成至少三年的本科学习,三年后取得的学位被认为是欧洲劳动力市场的基本学历;第二个周期将获得硕士学位和或博士学位;

(3)引入信用系统,尽可能促进人员交流,学分可以在高等教育系统以外获得,包括终身学习等;

(4)克服自由流动的障碍,尤其是:

①为学生提供学习机会,让他们获得学习和相关服务;

②重视教师、研究人员和行政人员在欧洲研究、教学或学习的时间,但不影响其法定权利。

(5)通过制定可比较的标准来促进欧洲合作,确保质量;

(6)促进高等教育在学科课程、机构合作、流动计划、综合研究、培训等方面的发展。

这些目标的完成必须尊重文化、语言、国家教育制度和大学自治的差异,从而促进欧洲高等教育领域的发展。这将会产生一系列积极影响:

(1)学习效率提高;

(2)学生和学术人员的流动增加;

(3)教学质量的提升;

(4)生源质量上升;

(5)改善国家和欧洲劳动力市场的研究生就业前景;

(6)加强科学研究工作;

(7)确保欧洲和世界学术市场的竞争力。

教育科学部将与大学合作,试图创造条件,通过完成以下目标,落实《博洛尼亚宣言》(1999)中马其顿在高等教育领域的原则和建议:

(1)实现《博洛尼亚宣言》(1999)对高等教育体制结构的调整;

(2)将法律法规与《博洛尼亚宣言》(1999)的原则和建议结合起来;

(3)将高等教育规范与标准相结合;

(4)建立有效的奖学金制度,提高学生和教师的教育流动性;

(5)通过制定可比较的标准和方法来促进欧洲合作,确保质量;

(6)加强高校外部质量评估体系;

(7)密切关注私立高等教育机构的设立和认证标准;

(8)建立一个高效率的高等教育财政资源分配体系;

(9)提高战略管理能力;

(10)发展科技战略;

(11)透明地为科研活动提供资金;

(12)为高等教育部门的国家创新体系奠定基础。

3. 促进文化认同

全球一体化进程加速,国际流动日益频繁,文化认同成为首要原则。文化认同体现民主价值的执行程度,是尊重人权、文化价值和增强社会凝聚力的原则。

教育科学部会促进个人教育的自由发展以及他们在多文化环境中定义的个人文化身份的发展,并将其置于全球化背景下看待。

教育的特殊目标和任务是增进国际理解和尊重其他文化的过程,培养和发展个人的个性特征,以培养个性、兴趣、观点和积极动机。提升个人自我教育活动的每一个层面,使自己能够置身于更广泛的社会和职业环境中。理解文化的国际流动性,首先要能够理解我们自己,以便我们以后能够理解他人,这一点非常重要。

4. 欧盟一体化

欧盟的运作坚定地建立在知识和技能的生产上。马其顿将对自身教育体系进行适当的改变,在文化领域创造积极的发展政策,重新界定和实施青年政策,提高信息技术社会的发展速度。

教育科学部为实施马其顿教育改革所制定的目标必须具有可持续性,在所有政府部门和全国教育的利益相关者之间,以及有关的国际教育机构之间进行合作。

5. 加强与欧洲区域的合作

马其顿在走向一体化的道路上必须加强与欧洲和更多区域进行合作。考虑到与巴尔干半岛在地理上的邻近性,语言障碍较少,以及传统的相互联系和影响,巴尔干半岛是未来在教育、研究和文化领域合作的重要目标。

马其顿的教育发展战略必须与邻国建立更密切的关系,特别是在这些领域:交换专业知识、学生流动、发展研究方案、建立区域网络、联合科学研究和交流等。睦邻关系的合作发展不应该因更广泛的合作而边缘化。

在更广泛的区域合作进程中,马其顿的声誉和吸引力将很大程度上取决于它是否有能力兑现它的国际承诺。对于大量国际文件如《博洛尼亚宣言》《全民教育》《世界儿童权利宣言》以及马其顿签署的许多其他国际文件所做的承诺,教育科学部将采取行动兑现。

(六)变更管理体制

随着欧洲经济、社会和文化的发展,马其顿教育科学部在改变体制基础和加强能力方面面临重大挑战。教育科学部将根据目标管理进行教育变革,并得到立法支持。教育科学部的活动将根据优先事项和实际能力来确定。

1. 目标:提升教育科学部的能力

教育科学部是政府发展计划的执行者。影响工作效率的关键因素是规范性法规的制定、基于目标结果的活动管理和基于信息的指导。

教育科学部将采取行动,使规范性法规与教育发展战略更加直接地联系起来。在这方面,必须保证立法的质量。国家将采取行动加强筹资、战略优先事项和计划改变之间的联系。变更管理体制必须设立预期目标。目标是通过更有效地预测、监测、控制和评价来提高变革管理的效率。透明有效的信息将被更有效地用于实施马其顿国家教育发展战略。

教育科学部将设立专业机构,根据有针对性的预期成果实施具体的活动,以实现质量的实施、监测、控制和评估。

教育科学部实施活动的效率与工作人员的素质和专业知识直接相关。教育科学部的运作必须考虑以下因素:人员的专业知识、开放合作的发展方向和问责制。教育科学部将促进工作人员的能力提升,并将照顾到他们的发展。

教育科学部的目标是通过部门的专业知识、部门研究、监测和评价工作来加强其部门能力。提高教育科学部工作质量的另一个因素是建立有效的信息系统和丰富的数据库。教育科学部有必要继续监测教育工作者、学生、公民、利益相关方和合作伙伴对国家教育发展战略和活动的执行过程。

2. 重组中央教育机构

考虑到中央教育机构的现状，为了实现教育领域有效的变革管理以及提高教育质量，国家将采取行动在国家层面建立以下教育机构：

(1)国家教育监察局；

(2)国家考试中心；

(3)教育发展局；

(4)中等职业教育中心。

国家教育监察局是中央教育机构，负责监督教育领域的合法性和教育过程的系统质量控制。这是对教育机构的制度评价，以及对教学和管理人员的个人评价，以确保教育质量和竞争力。为了完成这一预期任务，国家教育监察局会聘请在法律和教育学领域杰出的个人担任国家顾问。

为了提高效率，国家教育监察局管理委员会将通过控制教育机构的精确指标来开展工作。这些指标将与欧盟规定的指标完全一致。检查工作将由国家顾问组成的小组进行，包括法律和规范领域的控制。

国家教育监察局根据教育发展局和国家考试中心的要求，以及家长会在学校的要求和当地主管部门的要求开展实际行动，并会指出特定教育机构或个人工作中存在的违规行为或质量问题。

国家教育监察局对高等教育合法性检验的能力将由特殊法律来规定。质量控制职能将完全由教育科学部的能力评估和鉴定机构及专家服务来完成。

国家教育监察局的主要属性是保密性和公正性，要满足这些条件需要有足够的高素质工作人员和技术手段，国家教育监察局将聘用职业素质高的、有经验的教学人员。由于工作的规模和特殊性以及保密性的需要，国家教育监察局将提供适当的场地和技术工作条件、特殊的保护制度、印刷办公室打印相关知识、强大的信息技术支持等。

国家考试中心是具有法人资格的国家专业机构。它将通过4年级和8年级的期末考试、国家中学毕业考试和职业中等教育的期末职业考试，对学生的知识进行定期检查。学校校长应通过自我评价，在学年结束时做出客观评分。公布结果的透明度将大大提高利益相关者在教育方面的问责制有效执行。

教育发展局是一个具有独立法人资格的国家专业机构，它承担国家教育发展的责任，包括学前、小学和中学教育的下列活动：

(1)制定课程规划与教学大纲；

(2)制定知识标准和维护学校的标准和规范；

(3)确定教科书的概念和评估方法；

(4)参与评估教材和教学大纲的适用性；

(5)编制教师发展计划；

(6)在学校发展青少年的课外活动和教学活动；

(7)加强学校的教育学和心理学服务，明确员工的能力，集中培养发展；

(8)为学校提供符合国家质量标准的专业协助；

(9)支持提高教育质量的项目，这些项目符合国家的优先事项；

(10)建立教师资格制度；

(11)与非政府部门合作；

(12)支持教育的研究与发展。

中等职业教育中心承担发展和促进中等职业教育的责任，确保中等职业教育的质量。中等职业教育中心把活动重点放在提高学生的就业能力上，并为他们自由选择职业和社会融合创造条件。中等职业教育中心开展中等职业教育和成人教育领域的工作。中等职业教育中心开展以下活动：

(1)与商业经济部门和非政府部门合作；

(2)制定知识标准和维护有效的学校标准和规范；

(3)确定教科书的概念和评估方法；

(4)参与评估教材和教学大纲的适用性；

(5)为学校提供符合国家质量标准的专业协助；

(6)发展各类中等职业教育；

(7)建立职业资格证书制度；

(8)建立职业标准；

(9)明确各级专业资格的教育概况；

(10)发展和创新中等职业教育的课程和规划教学大纲，并为其实施提供专业和咨询协助；

(11)开展教师的教育培训；

(12)确立理论和实践课程的规范和标准；

(13)监测劳动力市场，研究教育需求；

(14)为年轻人提供专业的信息和方向；

(15)支持提高教育质量的项目；

(16)开展学生的教育培训(资格预审和再培训)。

中等职业教育中心根据开展活动的范围和性质，确立学生专业发展的中心，是教育机构和劳动力市场之间的一个关键环节。在改善学生的工作能力、建立与劳动力市场的关系以及提高马其顿的劳动力能力等方面，中等职业教育中心具有非常重要的意义。

附 录

附录一

推动共建丝绸之路经济带和21世纪海上丝绸之路的愿景与行动

国家发展改革委　外交部　商务部

（经国务院授权发布）

2015年3月28日

前　言

2000多年前，亚欧大陆上勤劳勇敢的人民，探索出多条连接亚欧非几大文明的贸易和人文交流通路，后人将其统称为"丝绸之路"。千百年来，"和平合作、开放包容、互学互鉴、互利共赢"的丝绸之路精神薪火相传，推进了人类文明进步，是促进沿线各国繁荣发展的重要纽带，是东西方交流合作的象征，是世界各国共有的历史文化遗产。

进入21世纪，在以和平、发展、合作、共赢为主题的新时代，面对复苏乏力的全球经济形势，纷繁复杂的国际和地区局面，传承和弘扬丝绸之路精神更显重要和珍贵。

2013年9月和10月，中国国家主席习近平在出访中亚和东南亚国家期间，先后提出共建"丝绸之路经济带"和"21世纪海上丝绸之路"（以下简称"一带一路"）的重大倡议，得到国际社会高度关注。中国国务院总理李克强参加2013年中国-东盟博览会时强调，铺就面向东盟的海上丝绸之路，打造带动腹地发展的战略支点。加快"一带一路"建设，有利于促进沿线各国经济繁荣与区域经济合作，加强不同文明交流互鉴，促进世界和平发展，是一项造福世界各国人民的伟大事业。

"一带一路"建设是一项系统工程，要坚持共商、共建、共享原则，积极推进沿线国家发展战略的相互对接。为推进实施"一带一路"重大倡议，让古丝绸之路焕发新的生机活力，以新的形式使亚欧非各国联系更加紧密，互利合作迈向新的历史高度，中国政府特制定并发布《推动共建丝绸之路经济带和21世纪海上丝绸之路的愿景与行动》。

一、时代背景

当今世界正发生复杂深刻的变化，国际金融危机深层次影响继续显现，世界经济缓慢复苏、发展分化，国际投资贸易格局和多边投资贸易规则酝酿深刻调整，各国面临的发展问题依然严峻。共建"一带一路"顺应世界多极化、经济全球化、文化多样化、社会信息化的潮流,秉持开放的区域合作精神,致力于维护全球自由贸易体系和开放型世界经济。共建"一带一路"旨在促进经济要素有序自由流动、资源高效配置和市场深度融合,推动沿线各国实现经济政策协调,开展更大范围、更高水平、更深层次的区域合作,共同打造开放、包容、均衡、普惠的区域经济合作架构。共建"一带一路"符合国际社会的根本利益,彰显人类社会共同理想和美好追求,是国际合作以及全球治理新模式的积极探索,将为世界和平发展增添新的正能量。

共建"一带一路"致力于亚欧非大陆及附近海洋的互联互通,建立和加强沿线各国互联互通伙伴关系,构建全方位、多层次、复合型的互联互通网络,实现沿线各国多元、自主、平衡、可持续的发展。"一带一路"的互联互通项目将推动沿线各国发展战略的对接与耦合,发掘区域内市场的潜力,促进投资和消费,创造需求和就业,增进沿线各国人民的人文交流与文明互鉴,让各国人民相逢相知、互信互敬,共享和谐、安宁、富裕的生活。

当前,中国经济和世界经济高度关联。中国将一以贯之地坚持对外开放的基本国策,构建全方位开放新格局,深度融入世界经济体系。推进"一带一路"建设既是中国扩大和深化对外开放的需要,也是加强和亚欧非及世界各国互利合作的需要,中国愿意在力所能及的范围内承担更多责任义务,为人类和平发展做出更大的贡献。

二、共建原则

恪守联合国宪章的宗旨和原则。遵守和平共处五项原则,即尊重各国主权和领土完整、互不侵犯、互不干涉内政、和平共处、平等互利。

坚持开放合作。"一带一路"相关的国家基于但不限于古代丝绸之路的范围,各国和国际、地区组织均可参与,让共建成果惠及更广泛的区域。

坚持和谐包容。倡导文明宽容,尊重各国发展道路和模式的选择,加强不同文明之间的对话,求同存异、兼容并蓄、和平共处、共生共荣。

坚持市场运作。遵循市场规律和国际通行规则,充分发挥市场在资源配置中的决定性作用和各类企业的主体作用,同时发挥好政府的作用。

坚持互利共赢。兼顾各方利益和关切,寻求利益契合点和合作最大公约数,体现各方智慧和创意,各施所长,各尽所能,把各方优势和潜力充分发挥出来。

三、框架思路

"一带一路"是促进共同发展、实现共同繁荣的合作共赢之路,是增进理解信任、加强全方位交流的和平友谊之路。中国政府倡议,秉持和平合作、开放包容、互学互鉴、互利共赢的理念,全方位推进务实合作,打造政治互信、经济融合、文化包容的利益共同体、命运共同体和责任共同体。

"一带一路"贯穿亚欧非大陆,一头是活跃的东亚经济圈,一头是发达的欧洲经济圈,中间广大腹地国家经济发展潜力巨大。丝绸之路经济带重点畅通中国经中亚、俄罗斯至欧洲（波罗的海）；中国经中亚、西亚至波斯湾、地中海；中国至东南亚、南亚、印度洋。21世纪海上丝绸之路重点方向是从中国沿海港口过南海到印度洋，延伸至欧洲；从中国沿海港口过南海到南太平洋。

根据"一带一路"走向，陆上依托国际大通道，以沿线中心城市为支撑，以重点经贸产业园区为合作平台，共同打造新亚欧大陆桥、中蒙俄、中国-中亚-西亚、中国-中南半岛等国际经济合作走廊；海上以重点港口为节点，共同建设通畅安全高效的运输大通道。中巴、孟中印缅两个经济走廊与推进"一带一路"建设关联紧密，要进一步推动合作，取得更大进展。

"一带一路"建设是沿线各国开放合作的宏大经济愿景，需各国携手努力，朝着互利互惠、共同安全的目标相向而行。努力实现区域基础设施更加完善，安全高效的陆海空通道网络基本形成，互联互通达到新水平；投资贸易便利化水平进一步提升，高标准自由贸易区网络基本形成，经济联系更加紧密，政治互信更加深入；人文交流更加广泛深入，不同文明互鉴共荣，各国人民相知相交、和平友好。

四、合作重点

沿线各国资源禀赋各异，经济互补性较强，彼此合作潜力和空间很大。以政策沟通、设施联通、贸易畅通、资金融通、民心相通为主要内容，重点在以下方面加强合作。

政策沟通。加强政策沟通是"一带一路"建设的重要保障。加强政府间合作，积极构建多层次政府间宏观政策沟通交流机制，深化利益融合，促进政治互信，达成合作新共识。沿线各国可以就经济发展战略和对策进行充分交流对接，共同制定推进区域合作的规划和措施，协商解决合作中的问题，共同为务实合作及大型项目实施提供政策支持。

设施联通。基础设施互联互通是"一带一路"建设的优先领域。在尊重相关国家主权和安全关切的基础上，沿线国家宜加强基础设施建设规划、技术标准体系的对接，共同推进国际骨干通道建设，逐步形成连接亚洲各次区域以及亚欧非之间的基础设施网络。强化基础设施绿色低碳化建设和运营管理，在建设中充分考虑气候变化影响。

抓住交通基础设施的关键通道、关键节点和重点工程，优先打通缺失路段，畅通瓶颈路段，配套完善道路安全防护设施和交通管理设施设备，提升道路通达水平。推进建立统一的全程运输协调机制，促进国际通关、换装、多式联运有机衔接，逐步形成兼容规范的运输规则，实现国际运输便利化。推动口岸基础设施建设，畅通陆水联运通道，推进港口合作建设，增加海上航线和班次，加强海上物流信息化合作。拓展建立民航全面合作的平台和机制，加快提升航空基础设施水平。

加强能源基础设施互联互通合作，共同维护输油、输气管道等运输通道安全，推进跨境电力与输电通道建设，积极开展区域电网升级改造合作。

共同推进跨境光缆等通信干线网络建设，提高国际通信互联互通水平，畅通信息丝绸之路。加快推进双边跨境光缆等建设，规划建设洲际海底光缆项目，完善空中（卫星）

信息通道，扩大信息交流与合作。

贸易畅通。投资贸易合作是"一带一路"建设的重点内容。宜着力研究解决投资贸易便利化问题，消除投资和贸易壁垒，构建区域内和各国良好的营商环境，积极同沿线国家和地区共同商建自由贸易区，激发释放合作潜力，做大做好合作"蛋糕"。

沿线国家宜加强信息互换、监管互认、执法互助的海关合作，以及检验检疫、认证认可、标准计量、统计信息等方面的双多边合作，推动世界贸易组织《贸易便利化协定》生效和实施。改善边境口岸通关设施条件，加快边境口岸"单一窗口"建设，降低通关成本，提升通关能力。加强供应链安全与便利化合作，推进跨境监管程序协调，推动检验检疫证书国际互联网核查，开展"经认证的经营者"（AEO）互认。降低非关税壁垒，共同提高技术性贸易措施透明度，提高贸易自由化便利化水平。

拓宽贸易领域，优化贸易结构，挖掘贸易新增长点，促进贸易平衡。创新贸易方式，发展跨境电子商务等新的商业业态。建立健全服务贸易促进体系，巩固和扩大传统贸易，大力发展现代服务贸易。把投资和贸易有机结合起来，以投资带动贸易发展。

加快投资便利化进程，消除投资壁垒。加强双边投资保护协定、避免双重征税协定磋商，保护投资者的合法权益。

拓展相互投资领域，开展农林牧渔业、农机及农产品生产加工等领域深度合作，积极推进海水养殖、远洋渔业、水产品加工、海水淡化、海洋生物制药、海洋工程技术、环保产业和海上旅游等领域合作。加大煤炭、油气、金属矿产等传统能源资源勘探开发合作，积极推动水电、核电、风电、太阳能等清洁、可再生能源合作，推进能源资源就地就近加工转化合作，形成能源资源合作上下游一体化产业链。加强能源资源深加工技术、装备与工程服务合作。

推动新兴产业合作，按照优势互补、互利共赢的原则，促进沿线国家加强在新一代信息技术、生物、新能源、新材料等新兴产业领域的深入合作，推动建立创业投资合作机制。

优化产业链分工布局，推动上下游产业链和关联产业协同发展，鼓励建立研发、生产和营销体系，提升区域产业配套能力和综合竞争力。扩大服务业相互开放，推动区域服务业加快发展。探索投资合作新模式，鼓励合作建设境外经贸合作区、跨境经济合作区等各类产业园区，促进产业集群发展。在投资贸易中突出生态文明理念，加强生态环境、生物多样性和应对气候变化合作，共建绿色丝绸之路。

中国欢迎各国企业来华投资。鼓励本国企业参与沿线国家基础设施建设和产业投资。促进企业按属地化原则经营管理，积极帮助当地发展经济、增加就业、改善民生，主动承担社会责任，严格保护生物多样性和生态环境。

资金融通。资金融通是"一带一路"建设的重要支撑。深化金融合作，推进亚洲货币稳定体系、投融资体系和信用体系建设。扩大沿线国家双边本币互换、结算的范围和规模。推动亚洲债券市场的开放和发展。共同推进亚洲基础设施投资银行、金砖国家开发银行筹建，有关各方就建立上海合作组织融资机构开展磋商。加快丝路基金组建运营。深化中国-东盟银行联合体、上合组织银行联合体务实合作，以银团贷款、银行授信等方式开展多边金融合作。支持沿线国家政府和信用等级较高的企业以及金融机构在中国境内发行人民币债券。符合条件的中国境内金融机构和企业可以在境外发行人民币债券和外币债券，鼓励在沿线国家使用所筹资金。

加强金融监管合作，推动签署双边监管合作谅解备忘录，逐步在区域内建立高效监管协调机制。完善风险应对和危机处置制度安排，构建区域性金融风险预警系统，形成应对跨境风险和危机处置的交流合作机制。加强征信管理部门、征信机构和评级机构之间的跨境交流与合作。充分发挥丝路基金以及各国主权基金作用，引导商业性股权投资基金和社会资金共同参与"一带一路"重点项目建设。

民心相通。民心相通是"一带一路"建设的社会根基。传承和弘扬丝绸之路友好合作精神，广泛开展文化交流、学术往来、人才交流合作、媒体合作、青年和妇女交往、志愿者服务等，为深化双多边合作奠定坚实的民意基础。

扩大相互间留学生规模，开展合作办学，中国每年向沿线国家提供1万个政府奖学金名额。沿线国家间互办文化年、艺术节、电影节、电视周和图书展等活动，合作开展广播影视剧精品创作及翻译，联合申请世界文化遗产，共同开展世界遗产的联合保护工作。深化沿线国家间人才交流合作。

加强旅游合作，扩大旅游规模，互办旅游推广周、宣传月等活动，联合打造具有丝绸之路特色的国际精品旅游线路和旅游产品，提高沿线各国游客签证便利化水平。推动21世纪海上丝绸之路邮轮旅游合作。积极开展体育交流活动，支持沿线国家申办重大国际体育赛事。

强化与周边国家在传染病疫情信息沟通、防治技术交流、专业人才培养等方面的合作，提高合作处理突发公共卫生事件的能力。为有关国家提供医疗援助和应急医疗救助，在妇幼健康、残疾人康复以及艾滋病、结核、疟疾等主要传染病领域开展务实合作，扩大在传统医药领域的合作。

加强科技合作，共建联合实验室（研究中心）、国际技术转移中心、海上合作中心，促进科技人员交流，合作开展重大科技攻关，共同提升科技创新能力。

整合现有资源，积极开拓和推进与沿线国家在青年就业、创业培训、职业技能开发、社会保障管理服务、公共行政管理等共同关心领域的务实合作。

充分发挥政党、议会交往的桥梁作用，加强沿线国家之间立法机构、主要党派和政治组织的友好往来。开展城市交流合作，欢迎沿线国家重要城市之间互结友好城市，以人文交流为重点，突出务实合作，形成更多鲜活的合作范例。欢迎沿线国家智库之间开展联合研究、合作举办论坛等。

加强沿线国家民间组织的交流合作，重点面向基层民众，广泛开展教育医疗、减贫开发、生物多样性和生态环保等各类公益慈善活动，促进沿线贫困地区生产生活条件改善。加强文化传媒的国际交流合作，积极利用网络平台，运用新媒体工具，塑造和谐友好的文化生态和舆论环境。

五、合作机制

当前,世界经济融合加速发展,区域合作方兴未艾。积极利用现有双多边合作机制,推动"一带一路"建设,促进区域合作蓬勃发展。

加强双边合作,开展多层次、多渠道沟通磋商,推动双边关系全面发展。推动签署合作备忘录或合作规划,建设一批双边合作示范。建立完善双边联合工作机制,研究推进"一带一路"建设的实施方案、行动路线图。充分发挥现有联委会、混委会、协委会、指导委员会、管理委员会等双边机制作用,协调推动合作项目实施。

强化多边合作机制作用,发挥上海合作组织(SCO)、中国-东盟"10+1"、亚太经合组织(APEC)、亚欧会议(ASEM)、亚洲合作对话(ACD)、亚信会议(CICA)、中阿合作论坛、中国-海合会战略对话、大湄公河次区域(GMS)经济合作、中亚区域经济合作(CAREC)等现有多边合作机制作用,相关国家加强沟通,让更多国家和地区参与"一带一路"建设。

继续发挥沿线各国区域、次区域相关国际论坛、展会以及博鳌亚洲论坛、中国-东盟博览会、中国-亚欧博览会、欧亚经济论坛、中国国际投资贸易洽谈会,以及中国-南亚博览会、中国-阿拉伯博览会、中国西部国际博览会、中国-俄罗斯博览会、前海合作论坛等平台的建设性作用。支持沿线国家地方、民间挖掘"一带一路"历史文化遗产,联合举办专项投资、贸易、文化交流活动,办好丝绸之路(敦煌)国际文化博览会、丝绸之路国际电影节和图书展。倡议建立"一带一路"国际高峰论坛。

六、中国各地方开放态势

推进"一带一路"建设,中国将充分发挥国内各地区比较优势,实行更加积极主动的开放战略,加强东中西互动合作,全面提升开放型经济水平。

西北、东北地区。发挥新疆独特的区位优势和向西开放重要窗口作用,深化与中亚、南亚、西亚等国家交流合作,形成丝绸之路经济带上重要的交通枢纽、商贸物流和文化科教中心,打造丝绸之路经济带核心区。发挥陕西、甘肃综合经济文化和宁夏、青海民族人文优势,打造西安内陆型改革开放新高地,加快兰州、西宁开发开放,推进宁夏内陆开放型经济试验区建设,形成面向中亚、南亚、西亚国家的通道、商贸物流枢纽、重要产业和人文交流基地。发挥内蒙古联通俄蒙的区位优势,完善黑龙江对俄铁路通道和区域铁路网,以及黑龙江、吉林、辽宁与俄远东地区陆海联运合作,推进构建北京—莫斯科欧亚高速运输走廊,建设向北开放的重要窗口。

西南地区。发挥广西与东盟国家陆海相邻的独特优势,加快北部湾经济区和珠江—西江经济带开放发展,构建面向东盟区域的国际通道,打造西南、中南地区开放发展新的战略支点,形成21世纪海上丝绸之路与丝绸之路经济带有机衔接的重要门户。发挥云南区位优势,推进与周边国家的国际运输通道建设,打造大湄公河次区域经济合作新高地,建设成为面向南亚、东南亚的辐射中心。推进西藏与尼泊尔等国家边境贸易和旅游文化合作。

沿海和港澳台地区。利用长三角、珠三角、海峡西岸、环渤海等经济区开放程度高、经济实力强、辐射带动作用大的优势,加快推进中国(上海)自由贸易试验区建设,支持福建建设21世纪海上丝绸之路核心区。充分发挥深圳前海、广州南沙、珠海横琴、福建平潭等开放合作区作用,深化与港澳台合作,打造粤港澳大湾区。推进浙江海洋经济发展示范区、福建海峡蓝色经济试验区和舟山群岛新区建设,加大海南国际旅游岛开发开放力度。加强上海、天津、宁波-舟山、广州、深圳、湛江、汕头、青岛、烟台、大连、福州、厦门、泉州、海口、三亚等沿海城市港口建设,强化上海、广州等国际枢纽机场功能。以扩大开放倒逼深层次改革,创新开放型经济体制机制,加大科技创新力度,形成参与和引领国际合作竞争新优势,成为"一带一路"特别是21世纪海上丝绸之路建设的排头兵和主力军。发挥海外侨胞以及香港、澳门特别行政区独特优势作用,积极参与和助力"一带一路"建设。为台湾地区参与"一带一路"建设做出妥善安排。

内陆地区。利用内陆纵深广阔、人力资源丰富、产业基础较好优势,依托长江中游城市群、成渝城市群、中原城市群、呼包鄂榆城市群、哈长城市群等重点区域,推动区域互动合作和产业集聚发展,打造重庆西部开发开放重要支撑和成都、郑州、武汉、长沙、南昌、合肥等内陆开放型经济高地。加快推动长江中上游地区和俄罗斯伏尔加河沿岸联邦区的合作。建立中欧通道铁路运输、口岸通关协调机制,打造"中欧班列"品牌,建设沟通境内外、连接东中西的运输通道。支持郑州、西安等内陆城市建设航空港、国际陆港,加强内陆口岸与沿海、沿边口岸通关合作,开展跨境贸易电子商务服务试点。优化海关特殊监管区域布局,创新加工贸易模式,深化与沿线国家的产业合作。

七、中国积极行动

一年多来,中国政府积极推动"一带一路"建设,加强与沿线国家的沟通磋商,推动与沿线国家的务实合作,实施了一系列政策措施,努力收获早期成果。

高层引领推动。习近平主席、李克强总理等国家领导人先后出访20多个国家,出席加强互联互通伙伴关系对话会、中阿合作论坛第六届部长级会议,就双边关系和地区发展问题,多次与有关国家元首和政府首脑进行会晤,深入阐释"一带一路"的深刻内涵和积极意义,就共建"一带一路"达成广泛共识。

签署合作框架。与部分国家签署了共建"一带一路"合作备忘录,与一些毗邻国家签署了地区合作和边境合作的备忘录以及经贸合作中长期发展规划。研究编制与一些毗邻国家的地区合作规划纲要。

推动项目建设。加强与沿线有关国家的沟通磋商,在基础设施互联互通、产业投资、资源开发、经贸合作、金融合作、人文交流、生态保护、海上合作等领域,推进了一批条件成熟的重点合作项目。

完善政策措施。中国政府统筹国内各种资源,强化政策支持。推动亚洲基础设施投资银行筹建,发起设立丝路基金,强化中国-欧亚经济合作基金投资功能。推动银行卡清算机构开展跨境清算业务和支付机构开展跨境支付业务。积极推进投资贸易便利化,推进区域通关一体化改革。

发挥平台作用。各地成功举办了一系列以"一带一路"为主题的国际峰会、论坛、研讨会、博览会,对增进理解、凝聚共识、深化合作发挥了重要作用。

八、共创美好未来

共建"一带一路"是中国的倡议,也是中国与沿线国家的共同愿望。站在新的起点上,中国愿与沿线国家一道,以共建"一带一路"为契机,平等协商,兼顾各方利益,反映各方诉求,携手推动更大范围、更高水平、更深层次的大开放、大交流、大融合。"一带一路"建设是开放的、包容的,欢迎世界各国和国际、地区组织积极参与。

共建"一带一路"的途径是以目标协调、政策沟通为主,不刻意追求一致性,可高度灵活,富有弹性,是多元开放的合作进程。中国愿与沿线国家一道,不断充实完善"一带一路"的合作内容和方式,共同制定时间表、路线图,积极对接沿线国家发展和区域合作规划。

中国愿与沿线国家一道,在既有双多边和区域次区域合作机制框架下,通过合作研究、论坛展会、人员培训、交流访问等多种形式,促进沿线国家对共建"一带一路"内涵、目标、任务等方面的进一步理解和认同。

中国愿与沿线国家一道,稳步推进示范项目建设,共同确定一批能够照顾双多边利益的项目,对各方认可、条件成熟的项目抓紧启动实施,争取早日开花结果。

"一带一路"是一条互尊互信之路,一条合作共赢之路,一条文明互鉴之路。只要沿线各国和衷共济、相向而行,就一定能够谱写建设丝绸之路经济带和21世纪海上丝绸之路的新篇章,让沿线各国人民共享"一带一路"共建成果。

附录二

教育部关于印发
《推进共建"一带一路"教育行动》的通知

教外〔2016〕46号

各省、自治区、直辖市教育厅(教委),各计划单列市教育局,新疆生产建设兵团教育局,部属各高等学校,部内各司局、各直属单位:

为贯彻落实中办、国办《关于做好新时期教育对外开放工作的若干意见》和国家发展改革委、外交部、商务部经国务院授权发布的《推动共建丝绸之路经济带和21世纪海上丝绸之路的愿景与行动》,我部牵头制订了《推进共建"一带一路"教育行动》,并已经国家教育体制改革领导小组会议审议通过。现印发给你们,请结合实际认真贯彻执行。

教育部
2016年7月13日

推进共建"一带一路"教育行动

推进共建"丝绸之路经济带"和"21世纪海上丝绸之路"(以下简称"一带一路"),为推动区域教育大开放、大交流、大融合提供了大契机。"一带一路"沿线国家教育加强合作、共同行动,既是共建"一带一路"的重要组成部分,又为共建"一带一路"提供人才支撑。中国愿与沿线国家一道,扩大人文交流,加强人才培养,共同开创教育美好明天。

一、教育使命

教育为国家富强、民族繁荣、人民幸福之本,在共建"一带一路"中具有基础性和先导性作用。教育交流为沿线各国民心相通架设桥梁,人才培养为沿线各国政策沟通、设施联通、贸易畅通、资金融通提供支撑。沿线各国唇齿相依,教育交流源远流长,教育合作前景广阔,大家携手发展教育,合力推进共建"一带一路",是造福沿线各国人民的伟大事业。

中国将一以贯之地坚持教育对外开放,深度融入世界教育改革发展潮流。推进"一带一路"教育共同繁荣,既是加强与沿线各国教育互利合作的需要,也是推进中国教育改革发展的需要,中国愿意在力所能及的范围内承担更多责任义务,为区域教育大发展做出更大的贡献。

二、合作愿景

沿线各国携起手来,增进理解、扩大开放、加强合作、互学互鉴,谋求共同利益、直面共同命运、勇担共同责任,聚力构建"一带一路"教育共同体,形成平等、包容、互惠、活跃的教育合作态势,促进区域教育发展,全面支撑共建"一带一路",共同致力于:

推进民心相通。开展更大范围、更高水平、更深层次的人文交流,不断推进沿线各国人民相知相亲。

提供人才支撑。培养大批共建"一带一路"急需人才,支持沿线各国实现政策互通、设施联通、贸易畅通、资金融通。

实现共同发展。推动教育深度合作、互学互鉴,携手促进沿线各国教育发展,全面提升区域教育影响力。

三、合作原则

育人为本,人文先行。加强合作育人,提高区域人口素质,为共建"一带一路"提供人才支撑。坚持人文交流先行,建立区域人文交流机制,搭建民心相通桥梁。

政府引导,民间主体。沿线国家政府加强沟通协调,整合多种资源,引导教育融合发展。发挥学校、企业及其他社会力量的主体作用,活跃教育合作局面,丰富教育交流内涵。

共商共建,开放合作。坚持沿线国家共商、共建、共享,推进各国教育发展规划相互衔接,实现沿线各国教育融通发展、互动发展。

和谐包容,互利共赢。加强不同文明之间的对话,寻求教育发展最佳契合点和教育合作最大公约数,促进沿线各国在教育领域互利互惠。

四、合作重点

沿线各国教育特色鲜明、资源丰富、互补性强、合作空间巨大。中国将以基础性、支撑性、引领性三方面举措为建议框架,开展三方面重点合作,对接沿线各国意愿,互鉴先进教育经验,共享优质教育资源,全面推动各国教育提速发展。

(一)开展教育互联互通合作

加强教育政策沟通。开展"一带一路"教育法律、政策协同研究,构建沿线各国教育政策信息交流通报机制,为沿线各国政府推进教育政策互通提供决策建议,为沿线各国学校和社会力量开展教育合作交流提供政策咨询。积极签署双边、多边和次区域教育合作框架协议,制定沿线各国教育合作交流国际公约,逐步疏通教育合作交流政策性瓶颈,实现学分互认、学位互授联授,协力推进教育共同体建设。

助力教育合作渠道畅通。推进"一带一路"国家间签证便利化,扩大教育领域合作交流,形成往来频繁、合作众多、交流活跃、关系密切的携手发展局面。鼓励有合作基础、相同研究课题和发展目标的学校缔结姊妹关系,逐步深化拓展教育合作交流。举办沿线国家校长论坛,推进学校间开展多层次多领域的务实合作。支持高等学校依托学科优势专业,建立产学研用结合的国际合作联合实验室(研究中心)、国际技术转移中心,共同应对经济发展、资源利用、生态保护等沿线各国面临的重大挑战与机遇。打造"一带一路"学术交流平台,吸引各国专家学者、青年学生开展研究和学术交流。推进"一带一路"优质教育资源共享。

促进沿线国家语言互通。研究构建语言互通协调机制,共同开发语言互通开放课程,逐步将沿线国家语言课程纳入各国学校教育课程体系。拓展政府间语言学习交换项目,联合培养、相互培养高层次语言人才。发挥外国语院校人才培养优势,推进基础教育多语种师资队伍建设和外语教育教学工作。扩大语言学习国家公派留学人员规模,倡导沿线各国与中国院校合作在华开办本国语言专业。支持更多社会力量助力孔子学院和孔子课堂建设,加强汉语教师和汉语教学志愿者队伍建设,全力满足沿线国家汉语学习需求。

推进沿线国家民心相通。鼓励沿线国家学者开展或合作开展中国课题研究,增进沿线各国对中国发展模式、国家政策、教育文化等各方面的理解。建设国别和区域研究基地,与对象国合作开展经济、政治、教育、文化等领域研究。逐步将理解教育课程、丝路文化遗产保护纳入沿线各国中小学教育课程体系,加强青少年对不同国家文化的理解。加强"丝绸之路"青少年交流,注重利用社会实践和志愿服务、文化体验、体育竞赛、创新创业活动和新媒体社交等途径,增进不同国家青少年对其他国家文化的理解。

推动学历学位认证标准连通。推动落实联合国教科文组织《亚太地区承认高等教育资历公约》,支持教科文组织建立世界范围学历互认机制,实现区域内双边多边学历学位关联互认。呼吁各国完善教育质量保障体系和认证机制,加快推进本国教育资历框架开发,助力各国学习者在不同种类和不同阶段教育之间进行转换,促进终身学习社会建设。共商共建区域性职业教育资历框架,逐步实现就业市场的从业标准一体化。探索建立沿线各国教师专业发展标准,促进教师流动。

(二)开展人才培养培训合作

实施"丝绸之路"留学推进计划。设立"丝绸之路"中国政府奖学金,为沿线各国专项培养行业领军人才和优秀技能人才。全面提升来华留学人才培养质量,把中国打造成为深受沿线各国学子欢迎的留学目的地国。以国家公派留学为引领,推动更多中国学生到沿线国家留学。坚持"出国留学和来华留学并重、公费留学和自费留学并重、扩大规模和提高质量并重、依法管理和完善服务并重、人才培养和发挥作用并重",完善全链条的留学人员管理服务体系,保障平安留学、健康留学、成功留学。

实施"丝绸之路"合作办学推进计划。有条件的中国高等学校开展境外办学要集中优势学科,选好合作契合点,做好前期论证工作,构建人才培养模式、运行管理模式、服务当地模式、公共关系模式,使学校顺利落地生根、开花结果。发挥政府引领、行业主导作用,促进高等学校、职业院校与行业企业深化产教融合。鼓励中国优质职业教育配合高铁、电信运营等行业企业走出去,探索开展多种形式的境外合作办学,合作设立职业院校、培训中心,合作开发教学资源和项目,开展多层次职业教育和培训,培养当地急需的各类"一带一路"建设者。整合资源,积极推进与沿线各国在青年就业培训等共同关心领域的务实合作。倡议沿线国家之间开展高水平合作办学。

实施"丝绸之路"师资培训推进计划。开展"丝绸之路"教师培训,加强先进教育经验交流,提升区域教育质量。加强"丝绸之路"教师交流,推动沿线各国校长交流访问、教师及管理人员交流研修,推进优质教育模式在沿线各国互学互鉴。大力推进沿线各国优质教学仪器设备、教材课件和整体教学解决方案输出,跟进教师培训工作,促进沿线各国教育资源和教学水平均衡发展。

实施"丝绸之路"人才联合培养推进计划。推进沿线国家间的研修访学活动。鼓励沿线各国高等学校在语言、交通运输、建筑、医学、能源、环境工程、水利工程、生物科学、海洋科学、生态保护、文化遗产保护等沿线国家发展急需的专业领域联合培养学生,推动联盟内或校际教育资源共享。

(三)共建丝路合作机制

加强"丝绸之路"人文交流高层磋商。开展沿线国家双边多边人文交流高层磋商,商定"一带一路"教育合作交流总体布局,协调推动沿线各国建立教育双边多边合作机制、教育质量保障协作机制和跨境教育市场监管协作机制,统筹推进"一带一路"教育共同行动。

充分发挥国际合作平台作用。发挥上海合作组织、东亚峰会、亚太经合组织、亚欧会议、亚洲相互协作与信任措施会议、中阿合作论坛、东南亚教育部长组织、中非合作论坛、中巴经济走廊、孟中印缅经济走廊、中蒙俄经济走廊等现有双边多边合作机制作用,增加教育合作的新内涵。借助联合国教科文组织等国际组织力量,推动沿线各国围绕实现世界教育发展目标形成协作机制。充分利用中国-东盟教育交流周、中日韩大学交流合作促进委员会、中阿大学校长论坛、中非高校 20+20 合作计划、中日大学校长论坛、中韩大学校长论坛、中俄大学联盟等已有平台,开展务实教育合作交流。支持在共同区域、有合作基础、具备相同专业背景的学校组建联盟,不断延展教育务实合作平台。

实施"丝绸之路"教育援助计划。发挥教育援助在"一带一路"教育共同行动中的重要作用,逐步加大教育援助力度,重点投资于人、援助于人、惠及于人。发挥教育援助在"南南合作"中的重要作用,加大对沿线国家尤其是最不发达国家的支持力度。统筹利用国家、教育系统和民间资源,为沿线国家培养培训教师、学者和各类技能人才。积极开展优质教学仪器设备、整体教学方案、配套师资培训一体化援助。加强中国教育培训中心和教育援外基地建设。倡议各国建立政府引导、社会参与的多元化经费筹措机制，通过国家资助、社会融资、民间捐赠等渠道，拓宽教育经费来源，做大教育援助格局，实现教育共同发展。

开展"丝路金驼金帆"表彰工作。对于在"一带一路"教育合作交流和区域教育共同发展中做出杰出贡献、产生重要影响的国际人士、团队和组织给予表彰。

五、中国教育行动起来

中国倡导沿线各国建立教育共同体，聚力推进共建"一带一路"，首先需要中国教育领域和社会各界率先垂范、积极行动。

加强协调推动。加强国内各部门各地方的统筹协调工作，有序开展"一带一路"教育合作交流。推动中国教育治理体系完善、相关法律法规修订和教育综合改革，提升中国开展"一带一路"教育行动的质量和水平。教育部与国家发展改革委、外交部、商务部等部门和全国性行业组织紧密配合，围绕共建"一带一路"大局，寻找合作重点，建立运行保障机制，畅通教育国际合作交流渠道，对接沿线各国教育发展战略规划。

地方重点推进。突出地方推进共建"一带一路"的主体性、支撑性和落地性，要求各地发挥区位优势和地方特色，抓紧制订本地教育和经济携手走出去行动计划，紧密对接国家总体布局。有序与沿线国家地方政府建立"友好省州""姊妹城市"关系，做好做实彼此间人文交流。充分利用地方调配资源优势，积极搭建海内外平台，促进校企优势互补、良性合作、共同发展。多措并举，支持指导本地教育系统与"一带一路"沿线国家广泛开展合作交流，打造教育合作交流区域高地，助力做强本地教育。

各级学校有序前行。各级各类学校秉承"己欲立而立人"的中国传统，有序与沿线各国学校扩大合作交流，整合优质资源走出去，选择优质资源引进来，兼容并包、互学互鉴，共同提升教育国际化水平和服务共建"一带一路"能力。中小学校要广泛建立校际合作交流关系，重点开展师生交流、教师培训和国际理解教育。高等学校、职业院校要立足各自发展战略和本地区参与共建"一带一路"规划，与沿线各国开展形式多样的合作交流，重点做好完善现代大学制度、创新人才培养模式、提升来华留学质量、优化境外合作办学、助推企业成长等各项工作的协同发展。

社会力量顺势而行。开展更大范围、更深层次、更高水平的"一带一路"教育民间合作交流，吸纳更多民间智慧、民间力量、民间方案、民间行动。大力培育和发展我国非营利组织，通过购买服务、市场调配等举措，大力支持社会机构和专业组织投身教育对外开放事业，活跃民间教育国际合作交流。加快推动教学仪器和中医诊疗服务走出去步伐，支持企业和个人按照市场规则依法参与中外合作办学、合作科研、涉外服务等教育对外开放活动。企业要积极与学校合作走出去，联合开展人才培养、科技创新和成果转化，积极服务"一带一路"国家经贸发展。

助力形成早期成果。实施高度灵活、富有弹性的合作机制，优先启动各方认可度高、条件成熟的项目,明确时间节点,争取短期内开花结果。2016年,各省市制订并呈报本地"一带一路"教育行动计划,有序推进教育互联互通、人才培养培训及丝路合作机制建设。2017年,基于三方面重点合作的沿线各国教育共同行动深入开展。未来3年,中国每年面向沿线国家公派留学生2500人;未来5年,建成10个海外科教基地,每年资助1万名沿线国家新生来华学习或研修。

六、共创教育美好明天

独行快,众行远。合作交流是沿线各国共建"一带一路"教育共同体的主要方式。通过教育合作交流,培养高素质人才,推进经济社会发展,提高沿线各国人民生活福祉,是我们共同的愿望。通过教育合作交流,扩大人文往来,筑牢地区和平基础,是我们共同的责任。

中国愿与沿线各国一道,秉持开放合作、互利共赢理念,共同构建多元化教育合作机制,制订时间表和路线图,推动弹性化合作进程,打造示范性合作项目,满足各方发展需要,促进共同发展。

中国教育部倡议沿线各国积极行动起来,加强战略规划对接和政策磋商,探索教育合作交流的机制与模式,增进教育合作交流的广度和深度,追求教育合作交流的质量和效益,互知互信、互帮互助、互学互鉴,携手推动教育发展,促进民心相通,构建"一带一路"教育共同体,共创人类美好生活新篇章。

后　记

本书是张德祥教授主持的中国高等教育学会高等教育科学研究"十三五"规划重大攻关课题"'一带一路'国家高等教育政策法规研究"(16ZG003)的研究成果。

本书由张德祥教授和李枭鹰教授负责总体规划、设计和架构,确定编译的主旨与核心,主要是对已有研究成果重新进行翻译、校对、编审和整理而成。本书的出版凝结了众人的智慧与汗水,其中:《克罗地亚高等教育法》由李洋帆、贾枭编译;《斯洛文尼亚初等教育法》由刘玉君编译;《斯洛文尼亚高等教育法》由李洋帆编译;《波黑学前教育法律框架》由李洋帆编译;《波黑高等教育法》由贾枭编译;《黑山初等教育法》由刘玉君、魏宁编译;《黑山高等教育法》由李洋帆编译;《马其顿教育发展战略(2005—2015年)》由齐小鹛编译。本书由张德祥、李洋帆、贾枭、齐小鹛负责统稿和定稿。

本书的出版得到了中国高等教育学会、大连理工大学出版社的大力支持,课题组在此深表感谢!

课题组

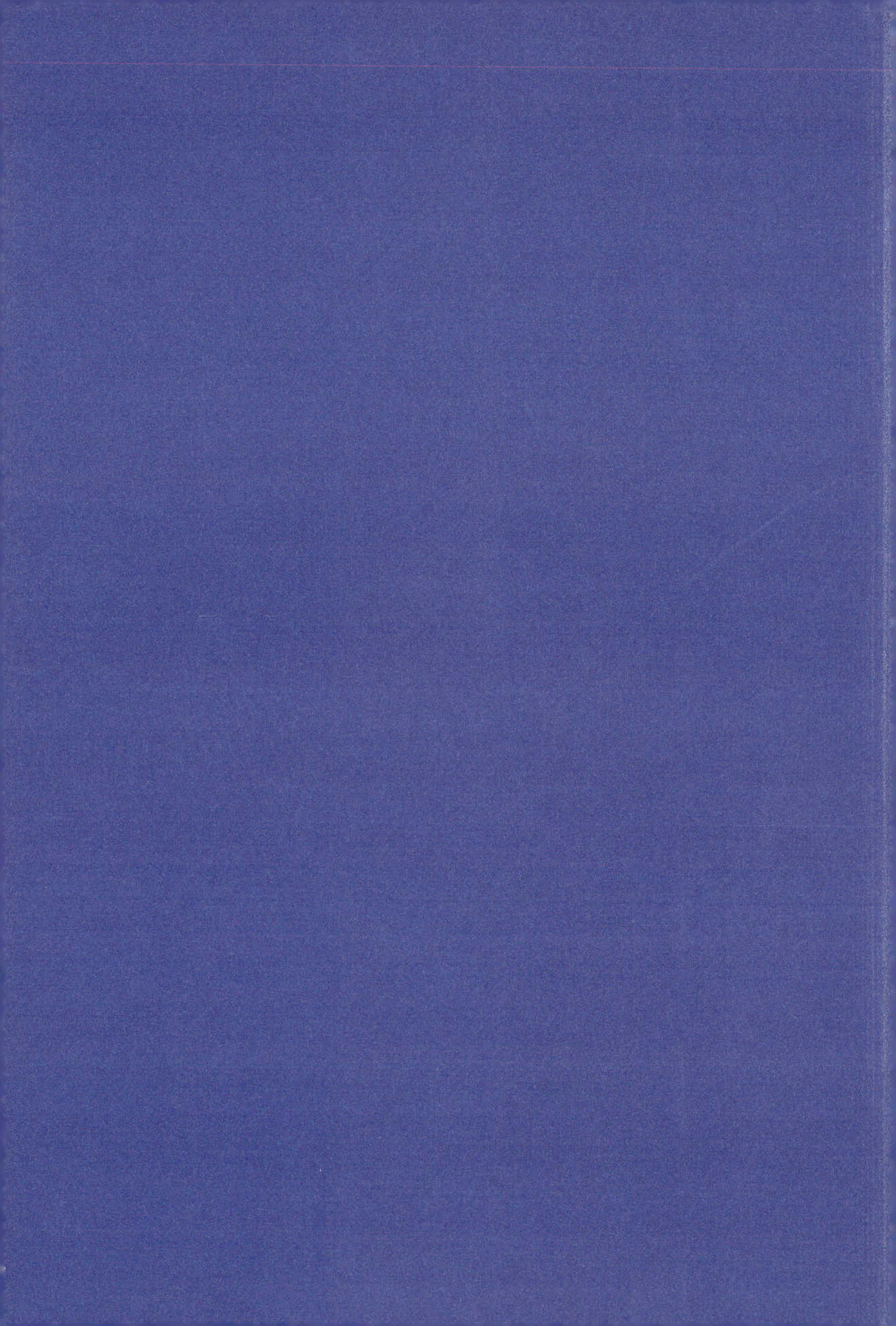